Dokumente der Berner Reformation:

Disputationsthesen, Reformationsmandat und Synodus

Dokumente der Berner Reformation: Disputationsthesen, Reformationsmandat und Synodus

Im Auftrag des Synodalrats der Reformierten
Kirchen Bern-Jura-Solothurn herausgegeben von
Martin Sallmann und Matthias Zeindler

Theologischer Verlag Zürich

Bibliografische Informationen der Deutschen Nationalbibliothek
Die Deutsche Nationalbibliothek verzeichnet diese Publikation in der Deutschen
Nationalbibliografie; detaillierte bibliografische Daten sind im Internet über
http://dnb.d-nb.de abrufbar.

Satz, Layout und Umschlaggestaltung
Mario Moths, Marl

Druck
marti media, CH-3032 Hinterkappelen/Bern

ISBN 978-3-290-17699-0
© 2013 Theologischer Verlag Zürich
www.tvz-verlag.ch

Inhalt

Vorwort

Die vorliegende Ausgabe der zentralen Dokumente der Berner Reformation erscheint 485 bzw. 481 Jahre nach der Erstausgabe und 35 Jahre nach der letzten Ausgabe von 1978. Seit der letzten Drucklegung haben sich das gesellschaftliche und das kirchliche Umfeld enorm verändert, nicht zu sprechen von den Umbrüchen seit der Reformationszeit. Die Neuauflage bietet die Chance, die «Grundschriften» der Berner Kirche in den Kontext des 21. Jahrhunderts zu stellen.

Die zehn Schlussreden, verfasst 1527 für die Berner Disputation, das Reformationsmandat von 1528 sowie der Berner Synodus von 1532 sind gemäss der Kirchenverfassung Art. 14, Abs. 1 von 1946 die geschichtlichen Grundlagen der Berner Kirche. Als solche bilden sie auch das theologische Fundament, an dem sich diese Kirche immer wieder orientieren muss, will sie sich treu bleiben.

Berner Synodus ist die Kurzbezeichnung für die erste evangelische Predigerordnung im bernischen Stadtstaat. Ihr eigentlicher Titel lautet: «Ordnung wie sich pfarrer und prediger zuo Statt und Land Bern in leer und leben halten soellen, mit wyterem bericht von Christo unnd den Sacramenten». Im Januar 1532 von der Synode angenommen und vom Rat der Stadt genehmigt, wurde der Synodus zum Vorbild für viele reformierte Kirchenordnungen.

Das Dokument von 1532 gilt als erste Kirchenordnung und als erste Dienstanweisung für die Pfarrschaft und setzt sich mit Fragen seiner Zeit auseinander: Predigtverständnis, richtige Lehre, Lebenswandel der Pfarrer, Abendmahlsverständnis. Dennoch gibt es viele Ähnlichkeiten zwischen der Situation der Kirche damals und den heutigen Verhältnissen. Musste sich die junge Kirche nach der Reformation mit den Altgläubigen und den Täufern auseinandersetzen, so ist es heute die Säkularisierung, welche die Kirche herausfordert. Waren damals die Pfarrer mit der Verpflichtung zur evangelischen Predigt vor grosse Herausforderungen gestellt, so gilt es für die Pfarrschaft heute, das Evangelium zeitgerecht und verständlich zu verkündigen.

Die Verfasser verstanden die drei Dokumente als Beginn einer fortdauernden Diskussion über die Kirche auf der Basis der Bibel. Dieser Gesprächsprozess dauert an, und es gehört zum Wesen der reformierten Kirche, dass er nie zu einem Ende kommt. In diesem Sinne gilt das *semper reformanda* für die heutige Kirche ebenso wie für jene der Reformationszeit. Allerdings muss dieser Prozess auf den Grundlagen der bisherigen Entwicklung stattfinden. Ohne geschichtliche Kenntnis ist zum Beispiel das besondere Verhältnis zwischen Staat und Kirche im Kanton Bern nicht zu verstehen. Ohne theologische Orientierung gibt es keine zeitgemässe Profilierung für unsere Kirche.

Zur Reformationszeit waren 200 Pfarrer im Dienst der neuen reformierten Kirche. Heute sind rund 500 Pfarrpersonen, 200 Katechetinnen und Katecheten sowie mehr als 150 Sozialdiakoninnen und Sozialdiakone als Amtsträgerinnen und Amtsträger für das kirchliche Leben verantwortlich. Dazu kommen Hunderte in den weiteren Diensten als Sigristen und Organistinnen sowie als Kirchgemeinderäte und Kommissionsmitglieder. Ihnen allen seien diese Texte besonders zur Lektüre und zur Reflexion empfohlen.

Ich freue mich, im Namen des Synodalrats der Reformierten Kirchen Bern-Jura-Solothurn verschiedenen Personen, ohne die diese Neuausgabe nicht möglich gewesen wäre, den verdienten Dank auszusprechen: den Herausgebern Martin Sallmann und Matthias Zeindler, die auch für die Einleitung verantwortlich zeichnen, sowie den Übersetzern Hans-Georg vom Berg und Ernst Saxer. Ein weiterer Dank ergeht an Thomas Gehrig für die Projektleitung.

Bern, März 2013
Andreas Zeller
Präsident des Synodalrats
Reformierte Kirchen Bern-Jura-Solothurn

Die Berner Reformation – Impulse für die Kirchen der Gegenwart

Matthias Zeindler, Martin Sallmann

Wer heute danach fragt, was evangelisch-reformierte Identität im 21. Jahrhundert heissen könnte, dem kann nicht einfach ein Dokument aus der Reformationszeit in die Hand gedrückt werden. Es seien die Disputationsthesen, das Reformationsmandat oder der Berner Synodus, keiner dieser Texte wird einem Zeitgenossen bei dieser Frage auf Anhieb weiterhelfen. Zu gross ist der zeitliche Abstand, zu unterschiedlich sind die heutigen Lebensumstände, zu stark differieren die damaligen Fragen und Antworten. Und doch beziehen sich Kirchen immer wieder auf Texte aus ihrer Geschichte, vor allem aus ihrer Gründungsgeschichte. Diese Dokumente nehmen sie auf, weil sie wissen, dass in ihnen grundlegende Entscheidungen festgehalten sind, die für das Selbstverständnis der eigenen Kirche relevant sind. Im Gespräch mit diesen Texten kann für die eigene Gegenwart geklärt werden, wie Kirchen ihren Auftrag wahrnehmen und wie Christen ihr Glauben und Leben ausgestalten können.

Aus dieser Überzeugung heraus werden die drei zentralen Dokumente der Berner Reformation hier in einer zeitgemässen Übersetzung zugänglich gemacht. Es kann nicht darum gehen, ein Denkmal aufzupolieren und ihm neuen Glanz zu verleihen. Die Neuedition soll vielmehr die Begegnung mit drei Texten ermöglichen, welche die Berner Kirche geprägt und ihr ein unverwechselbares Profil gegeben haben. Sowohl die Berner Thesen als auch der Berner Synodus haben der reformatorischen Theologie wichtige Einsichten hinzugefügt, und manche ihrer Formulierungen gehören zu den Perlen der Reformation. Wie gesagt, beinahe fünfhundert Jahre alte Texte verstehen sich nicht von selbst. In den folgenden Abschnitten sollen zunächst die historischen Umstände der Berner Reformation skizziert werden. Danach kommen die theologischen Schwerpunkte der drei Dokumente zur Sprache; und schliesslich werden diese knapp auf ihre Aktualität hin befragt.

1. Historische Zusammenhänge

Nicht nur die Zeit der Reformation, sondern bereits die Jahre davor waren äusserst bewegt. Vielfältige Reformbemühungen in Europa brachten ein weit verbreitetes Unbehagen über den Zustand der Kirche und eine ebenso breit empfundene Sorge zum Ausdruck, dass diese Kirche den aktuellen religiösen Bedürfnissen nicht mehr zu entsprechen vermöge. So war schon im 15. Jahrhundert der Ruf nach einer Reform der Kirche an «Haupt und Gliedern» laut geworden. Humanistische Kreise unterstützten die Forderung einer Erneuerung. Erasmus von Rotterdam etwa bedachte Lehre und Leben der Kirche seiner Zeit mit scharfer Kritik und beissendem Spott. Die reformatorische Bewegung nahm diese Kritik auf und spitzte sie zu. Martin Luther äusserte sich in Wittenberg erstmals 1517 öffentlich (95 Thesen gegen den Ablass) und geriet in einen schwerwiegenden Konflikt mit der Kirche, der 1521 im Bann des Papstes und der Reichsacht des Kaisers endete. Huldrych Zwingli kam 1519 nach Zürich, das vier Jahre später als erster Ort der Eidgenossenschaft die Reformation einführte. Dass die Reformation in grossen Teilen Europas zum Durchbruch kommen konnte, verdankte sich einerseits dem Umstand, dass die weltlichen Obrigkeiten – namentlich

Abb. 1: Niklaus Manuel Deutsch (1484–1530), Selbstbildnis, 1520.

in den Städten – nach vermehrter Unabhängigkeit von kirchlicher Oberhoheit strebten. Andererseits waren vor allem neue theologische Einsichten der Reformatoren wesentlich, wie sie besonders Luther prägnant äusserte. Zentral war insbesondere die Entdeckung am Neuen Testament, dass das menschliche Heil nicht teils von Gott, teils vom Menschen abhängt, sondern sich ausschliesslich dem barmherzigen Handeln Gottes verdankt. Diese Erkenntnis hatte erhebliche Folgen, nicht nur für das Verständnis der Kirche mit ihren Ämtern, Gottesdiensten und Bildern, sondern ebenso für die Gestaltung von Staat und Gesellschaft. Auch in Bern gewannen diese Gedanken zunehmend an Einfluss.

Der Übergang Berns zur Reformation im Jahr 1528 war von historischer Bedeutung, denn die Entscheidung im grössten Stadtstaat nördlich der Alpen führte zu einer entscheidenden Stärkung der reformatorischen Bewegung. Zürich war nun innerhalb der Eidgenossenschaft nicht mehr länger isoliert. Bern trat dem «Christlichen Burgrecht» bei, das Zürich mit der Stadt Konstanz geschlossen hatte. Es folgten ihm im selben Jahr St. Gallen, 1929 Basel, Schaffhausen, Biel und Mülhausen (im Elsass). Nur wenige Jahre später wurde Bern zur Schutzmacht Genfs. Diese Protektion sicherte die Reformation in der Rhonestadt und trug damit wesentlich zur weltweiten Wirkung Calvins bei.

Bis zur Annahme der Reformation hatte der Rat zu Bern mehrere Jahre gezögert. Schon 1517/18 waren Schriften Martin Luthers im Druck erschienen, die von Berner Theologen zustimmend aufgenommen wurden. Im Sommer 1522 musste der Rat über den Fall des Kleinhöchstetter Kilchherrs Jörg Brunner befinden, der in seinen Predigten die kirchliche Hierarchie mit Berufung auf die alleinige Autorität der Bibel scharf kritisiert hatte. Und hier kam es zu einer bemerkenswerten Verschiebung: Nicht der für die kirchliche Lehre zuständige Bischof von Konstanz, sondern der Rat behandelte den Fall und sprach Brunner schliesslich frei. Der ersten Zürcher Disputation vom 29. Januar 1523 blieb Bern aber noch fern. Trotzdem wuchs der Einfluss reformatorischer Gedanken stetig. Seit 1522 predigte Berchtold Haller, Leutpriester am Münster, die Evangelien nach Zwinglis Vorbild fortlaufend (*lectio continua*). Nicht zu unterschätzen ist auch der Einfluss von Niklaus Manuel Deutsch, der in der Stadt als Maler, Schriftsteller und Ratsmitglied wirkte. Im Februar 1523 wurden seine Fasnachtsspiele «Vom Papst und seiner Priesterschaft» und «Von Papsts und Christi Gegensatz» aufgeführt, die bei der Bevölkerung und der Obrigkeit viel zur Stimmung zugunsten der Reformation beitrugen.

Dennoch war die Zeit für die Einführung des erneuerten Glaubens noch nicht reif, vielmehr sah es so aus, als bliebe Bern beim Bisherigen. Der Rat beschränkte sich in den folgenden Jahren vor allem darauf, religiöse Unruhen einzugrenzen und den kirchlichen Frieden zu wahren. Diese Zurückhaltung hatte auch politische Gründe. Nachdem Zürich zur Reformation übergegangen war, stellte sich in der Eidgenossenschaft die Frage, ob eine einheitliche Konfession Bedingung für das Weiterbestehen des Bündnisses sei. Der Rat von Bern hatte kein Interesse an einem Konflikt, denn für die Realisierung seiner Expansionspläne nach Westen brauchte er eine ruhige Ostseite. Von den Bündnispartnern zur Stellungnahme aufgefordert, führte er eine Befragung der Ämter durch – mit eindeutigem Ausgang zugunsten des geltenden Glaubens. Trotz dieser Niederlage für die Anhänger der Reformation widersetzte sich Bern allen Versuchen der katholischen Orte, Zürich von der Tagsatzung auszuschliessen. Man vertrat den Grundsatz des konfessionellen Selbstbestimmungsrechts der einzelnen Orte. In der Stadt Bern verweigerte sich Haller der allgemeinen Tendenz, wieder die Messe zu lesen, worauf ihn der Rat vom Altardienst entband, ihm aber das Recht zu predigen beliess.

Aufgrund von personellen Veränderungen in Rat und Pfarrerschaft gewann die Reformation nach und nach wieder an

BERCHTOLD HALLER (1490?–1536)

Geboren in Aldingen b. Rottweil, kam Haller 1513 als Lehrer an die Lateinschule in Bern. 1520 wurde er Chorherr und Leutpriester am Münster. Schon im Jahr darauf begann der Kontakt mit Zwingli, mit dem er – wie später auch mit Bullinger – freundschaftlich verbunden blieb. 1526 befreite der Rat Haller vom Messdienst. Auf der Disputation von 1528 verteidigte er die von ihm zusammen mit Franz Kolb verfassten zehn Thesen. Haller war in den folgenden Jahren massgeblich für die Durchsetzung der Reformation in Bern verantwortlich.

Boden, und dies so deutlich, dass schliesslich eine Disputation ausgeschrieben wurde, bei der für oder gegen den reformatorischen Glauben entschieden werden sollte. Die Berner Disputation fand vom 6. bis 26. Januar 1528 in der Barfüsserkirche statt. Fünf Jahre zuvor war bereits in Zürich die Reformation nach einer Disputation angenommen worden. Nach diesem Beispiel erfolgte auch in Bern die öffentliche Ausschreibung der Disputation. Die Pfarrer aus Stadt und Landschaft wurden aufgeboten, und die eidgenössischen Stände sowie süddeutsche Städte waren eingeladen, ihre Abordnungen zu entsenden. Die Bischöfe von Konstanz, Basel, Sitten und Lausanne verweigerten ihre Teilnahme, da sie die Berechtigung der weltlichen Obrigkeit, in diesen geistlichen Angelegenheiten zu entscheiden, bestritten. Anwesend waren hingegen die führenden Persönlichkeiten des gesamten oberdeutschen und schweizerischen Protestantismus wie Johannes Oekolampad aus Basel, Wolfgang Capito und Martin Bucer aus Strassburg, Joachim Vadian und Benedikt Burgauer aus St. Gallen, Ambrosius Blarer aus Konstanz oder Andreas Althamer aus Nürnberg. Aus Zürich nahm Zwingli, begleitet von einer stattlichen Anzahl von Zürcher Geistlichen, an der Disputation teil.

Schon in Zürich war die Disputation auf der Grundlage von Thesen – den 67 Thesen Zwinglis – geführt worden. Für die

Disputationen gehörten im Mittelalter zum Unterrichtswesen an den Universitäten. In akademischen Streitgesprächen wurden Fragen geklärt und Autoritäten gegeneinander abgewogen, um die richtige Lehre festzustellen. In der Zeit der Reformation wurde an diese Form angeknüpft, doch mit charakteristischen Unterschieden: Der Magistrat berief die Disputation ein und fällte das Urteil, verhandelt wurde nicht in Latein, sondern in der Landessprache, und Kriterium war allein die Heilige Schrift; traditionelle Autoritäten wie Kirchenväter und Konzilien sowie Erlasse von Päpsten wurden abgelehnt. Diese Form der Disputation war für die Einführung der Reformation zentral und wurde beispielsweise in Zürich, Bern, Genf oder Lausanne angewendet.

Disputation in Bern verfassten Berchtold Haller und sein Pfarrkollege Franz Kolb die zehn Berner Thesen. Die Thesenreihe ist wesentlich von den achtzehn Ilanzer Thesen von 1526 beeinflusst, die ihrerseits stark von der Theologie Zwinglis geprägt sind. Als die Berner Thesen Zwingli zur Begutachtung vorgelegt wurden, hatte dieser deshalb nur wenige Änderungen anzubringen. Am Ende der Disputation nahm die Mehrheit der Anwesenden die Thesen an. Schon am 27. Januar verfügte der Rat die Abschaffung der Messe und die Beseitigung von Bildern. Am 2. Februar nahm er der gesamten Bürgerschaft der Stadt den Eid ab, der Obrigkeit in geistlichen und weltlichen Angelegenheiten zu folgen. Im *Reformationsmandat* vom 7. Februar 1528 erklärte der Berner Rat darauf den Inhalt der Thesen als schriftgemäss und regelte ihre Umsetzung.

Von einer Einführung der Reformation im gesamten Untertanengebiet war man damit allerdings noch weit entfernt. Widerstand erwuchs dem erneuerten Glauben insbesondere im Oberland, nicht zuletzt durch tatkräftige Unterstützung aus den benachbarten Innerschweizer Orten. Erst ein – unblutiges – militärisches Eingreifen Berns machte dem Aufstand ein Ende.

Geboren in Inzlingen (Baden D), Studium an der Universität Basel.
1502–1504 Kantor in Bern. Stationen als Prediger und Lehrer in
Freiburg i. Üe., Bern, Nürnberg. Ab April 1527 war Kolb Prediger
in Bern, wo er zusammen mit Berchtold Haller die Reformation
einzuführen half. 1535 Amtsenthebung aus Alters- und Krank-
heitsgründen. Kolb stand theologisch Zwingli nahe, hatte aber
auch Verständnis für die Täufer.

Die Berner Reformation stärkte innerhalb der Eidgenossenschaft das reformatorische Lager, führte aber auch zu einer Zu-
spitzung der ohnehin schon gespannten Lage innerhalb des Bundes. Beide Seiten schlossen grenzüberschreitende Bündnisse zur
Verteidigung ihrer jeweiligen Glaubensposition. Ein erster Krieg
zwischen den zwei Lagern konnte durch den Ersten Kappeler
Landfrieden (1529) verhindert werden – die «Kappeler Milch-
suppe» ist als Symbol für den Verständigungswillen der Eidgenossen ins nationale Gedächtnis eingegangen. Vor allem wegen
aggressiver Versuche Zürichs, in den katholischen Orten die reformatorische Predigt durchzusetzen, eskalierte der Streit erneut und
es kam zum Zweiten Kappeler Krieg. In der Schlacht von Kappel
am 11. Oktober 1531 unterlagen die Protestanten nach kurzem
Kampf und Huldrych Zwingli kam ums Leben; ein weiteres Zu-
sammentreffen am Gubel besiegelte die Niederlage. Der Zweite
Kappeler Landfrieden räumte den reformatorischen Ständen ein,
beim eigenen Glauben bleiben zu können, doch mussten die grenz-
überschreitenden Bündnisse aufgegeben werden. Damit war für
die Zukunft eine folgenreiche Entscheidung gefallen: Der Bund
der Eidgenossenschaft überdauerte zwar den Krieg, doch wurde
zugleich der aktuelle konfessionelle Zustand festgeschrieben. Das
Land sollte daher auf Dauer konfessionell gespalten bleiben.

Die verheerende Niederlage im Zweiten Kappeler Krieg stürzte
die Reformation in eine tiefe Krise. In Bern wurde die schon zuvor

Diente die Disputation der Einführung der Reformation, so die Synode ihrer Durchsetzung und Vertiefung. Synoden fanden darum in den reformierten Orten regelmässig statt, um über Lehre und Leben der Kirche zu befinden. Die Synode wurde zu einem Erkennungsmerkmal reformierter Kirchen. Mit dem Begriff «Synodus» werden die Synodeakten, ihr Protokoll, bezeichnet. Für die Berner Synode von 1532 lagen als Grundlage der Gespräche Artikel von Wolfgang Capito vor. Diese wurden von der Versammlung verhandelt, durch Capito redigiert, der Synode vorgelesen und von ihr schliesslich verabschiedet. Damit repräsentiert der «Synodus» nicht die Meinung eines Einzelnen, sondern der im Januar 1532 in Bern versammelten Geistlichkeit.

latent vorhandene Unzufriedenheit wieder laut. Altgesinnte Kreise, nach wie vor einflussreich, hofften auf eine Rückkehr in den Schoss der römischen Kirche. Dass diese Hoffnung nicht aus der Luft gegriffen war, zeigte sich daran, dass Räte und Burger sich genötigt sahen, am 27. November 1531 den Verbleib bei der Reformation erneut zu bekräftigen. Anfang Dezember 1531 wurden in einer Eingabe des Landvolkes schwere Kritik geäussert und Forderungen aufgestellt: Regionale Freiheiten und Rechte sollten geschützt sowie wirtschaftliche Erleichterungen zugestanden werden. Die Geistlichen sollten das Wort Gottes predigen und nicht nach Aufruhr und Blutvergies-sen schreien, wie dies zuvor geschehen sei. Ein wichtiger Aspekt der prekären Lage waren ausserdem die immer lauter werdenden Anfragen aus täuferischen Kreisen. Der Rat kam den Untertanen nur wenig entgegen. Mit Blick auf die Pfarrer sagte er immerhin eine Synode zu, die noch im Dezember ausgeschrieben wurde. Vom 10. bis 14. Januar 1532 nahmen die Geistlichen an der Synode in Bern teil, um die Differenzen zwischen dem Berner Rat und den Pfarrern zu bereinigen sowie das Verhältnis zwischen Obrigkeit und

Kirche zu bestimmen. Die noch junge, zerstrittene und geschwächte evangelische Kirche sollte – so die Absicht – geeinigt und gefestigt werden. Als Grundlage für diese gleichermassen organisatorische, pastorale und theologische Aufgabe diente der Text, der später als Berner Synodus bekannt geworden ist. Sein massgeblicher Verfasser war der Strassburger Reformator Wolfgang Capito (Köpfel). Capito stammte aus der elsässischen Stadt Hagenau und hatte in Ingolstadt, Heidelberg und Freiburg Theologie studiert. Prägende Einflüsse waren eine im Elsass verbreitete vorreformatorische Predigt eines praktischen Christentums ohne scholastische Spitzfindigkeiten sowie die oberdeutsche Mystik mit ihrer Betonung von Nächstenliebe und alltäglicher Arbeit. Ein Ruf als Münsterpfarrer nach Basel brachte Capito in engen Kontakt mit Erasmus und liess ihn die Heilige Schrift als alleinige Richtschnur des Glaubens entdecken. Capito war ein irenischer Charakter, was sich nicht zuletzt in seiner Haltung gegenüber den Täufern zeigte. Weil er im Beharren auf der Erwachsenentaufe eine neue Gesetzlichkeit befürchtete, war er den Taufgesinnten gegenüber zwar kritisch eingestellt, gleichzeitig lehnte er aber eine gewaltsame Bekämpfung ab und plädierte stattdessen für eine Auseinandersetzung durch die Kraft des Geistes. All diese Charakteristika fanden ihren Niederschlag im Berner Synodus.

Der Rat von Bern bestätigte am 14. Januar 1532 den Synodus offiziell und setzte ihn damit im bernischen Untertanengebiet in Geltung.

2. Theologische Schwerpunkte

Thesen, Reformationsmandat und Synodus bilden die literarische Klammer um die entscheidende Zeit der Berner Reformation von ihrer Einführung bis zur Konsolidierung. Alle drei Texte sprechen aus der Gedankenwelt reformatorischer Theologie heraus, setzen dabei aber spezifische Schwerpunkte. Die wichtigsten Anliegen sollen hier kurz erläutert werden.

Abb. 2: Berchtold Haller (1490–1536), Vorderseite der Jakob Stapfer zugeschriebenen Bildnismedaille, 1535 (?), frühestes erhaltenes Porträt.

Bibel: Die wohl bekannteste Berner These ist die erste: «Die heilige christliche Kirche, deren alleiniges Haupt Christus ist, ist aus dem Wort Gottes geboren. Darin bleibt sie und hört nicht auf die Stimme eines Fremden.» (S. 39) Gleich in der nächsten These wird daraus die Konsequenz gezogen, dass die Kirche «nicht Gesetze und Gebote ohne Gottes Wort» schafft, weswegen in den folgenden Thesen das römische (und lutherische) Abendmahlsverständnis, die Messe, Heiligen- und Bilderverehrung, Fegefeuer und Zölibat als nicht schriftgemäss abgelehnt werden. Dass die Kirche sich allein von der Heiligen Schrift leiten zu lassen habe (*sola scriptura*), gehört zu den Grundüberzeugungen der Reformation, die von keinem ihrer Vertreter bestritten wurden. Die erste Berner These unterstreicht dabei, dass es mit der ausschliesslichen Orientierung an der Schrift nicht bloss um einen Rückgang zu den historischen Quellen geht. Vielmehr drückt sich im *sola scriptura* das Wissen darum aus, dass die Kirche sich nicht selbst begründet, erhält und erneuert, sondern dass dies Gott durch sein Wort tut. Die Kirche kann deshalb nur Kirche sein und bleiben, wenn sie immer wieder die Begegnung mit Gottes Wort sucht, wenn sie sich ihm aussetzt und sich von ihm verändern lässt.

Der Rat von Bern macht aus diesem Grund im Reformationsmandat klar, dass seine Schritte nur durch ihre Übereinstimmung mit der Schrift legitimiert sind. «Denn glaubt uns, wenn wir nicht sicher wären, dass die vermeintlichen Gottesdienste und Zeremonien, wie sie bis anhin Brauch waren, nicht in der Heiligen Schrift gründen, und wir uns ferner nicht zutrauen würden, dass wir unser Vorhaben und Beschliessen mit gutem Recht vor Gott und der Welt verantworten können, hätten wir die gegenwärtige Erneuerung nicht vorgenommen.» (S. 45) Dabei sollen die Neuerungen in einer respektvollen und verständnisorientierten Weise eingeführt werden. Wer das Neue noch nicht nachvollziehen kann, mit dem soll man nachsichtig sein und Gott um besseres Verständnis bitten. So wird der Fleischgenuss freigegeben, er soll aber aus Rücksicht auf die Schwachen während der Fastentage an öffentlichen Orten unterlassen werden (1Kor 8,7–13). Und obwohl der geistliche Stand abgeschafft ist, können Mönche und Nonnen bis zu ihrem Ableben in den Klöstern bleiben, verboten wird lediglich die Neuaufnahme von Novizinnen und Novizen. Diesen Geist der Rücksichtnahme und der Suche nach Kompromissen hat die Berner Obrigkeit später den Täufern gegenüber leider immer mehr vermissen lassen.

Es entspricht der Verpflichtung auf die alleinige Autorität der Schrift, wenn der Rat am Ende seines Mandats noch einmal betont, dass er sich in allen hier geregelten Belangen durch bessere Belehrung gern überzeugen lasse. Dieselbe Selbstrelativierung spricht er vier Jahre später in seiner Einleitung zum *Synodus* aus: «Würde uns aber etwas von unseren Pfarrern oder anderen vorgebracht, das uns näher zu Christus führt und nach Vermögen des Wortes Gottes allgemeiner Freundschaft und christlicher Liebe zuträglicher ist als die jetzt aufgezeichnete Meinung, das wollen wir gern annehmen und dem heiligen Geist seinen Lauf nicht sperren.» (S. 59) In diesen Sätzen wird ernstgemacht damit, dass Kirche nur da Kirche ist, wo sie sich immer wieder vom Wort Gottes reformieren lässt.

Christus: Das «einzige Haupt» der Kirche, so die erste These, ist Christus. Deshalb wird die Kirche, auch wenn sie als ausschliessliche Richtschnur die Heilige Schrift festhält, nicht von einem Buch regiert. Die Konzentration auf den biblischen Text hat vielmehr den Zweck, die Kirche bei ihrem Haupt zu erhalten. Haupt der Kirche ist Christus aber, weil wir allein von ihm das Heil erwarten können: «Ausserhalb seiner ist kein Heil zu erhoffen. In Christus aber ist kein Schaden noch Verdammnis zu fürchten», schreibt Capito im *Synodus* (S. 66). Aus diesem Grund ist er «der Eckstein, der Fels, der Eingang, das Leben und die Wahrheit» (ebd.). Von dieser Grundeinsicht soll man die Bibel lesen, diese befreiende Botschaft muss sich durch die biblischen Texte immer wieder erschliessen. Indem er die freimachende Botschaft Christi dem Buchstaben des Texts vorordnet, vermeidet der *Synodus*, dass eine am Buchstaben klebende Auslegung erneut den Gehalt des Evangeliums verstellt. Damit wird die christliche Predigt zur Konzentration auf Christus verpflichtet: «Darum ist es hoch vonnöten, dass alle Diener Gottes und Verkündiger des Reiches Christi den alleinigen Herrn, Christus Jesus, fleissig predigen. Dessen Erkenntnis übertrifft alles» (S. 69).

Abb. 3: Die Berner Disputation in der Barfüsserkirche, Illustration aus Heinrich Bullingers Reformationsgeschichte, Abschrift von 1605/1606.

Diese Zentrierung auf Christus (*solus Christus*) findet sich in ausgeprägtem Masse bei Martin Luther, der als Kriterium der Schriftauslegung nur gelten lässt, «was Christum treibet» – was also die Menschen von allen falschen Begrenzungen freimacht zur Freiheit eines Christenmenschen. Dem Verfasser des *Synodus* ist wie Luther alles daran gelegen herauszustellen, dass die Botschaft von Christus nicht in leeren Behauptungen besteht, «sondern in wahrer Kraft Gottes, die der Gläubigen Herzen erfasst, verändert, erneuert». (S. 70f.) Damit dies geschieht, «soll und muss der Anfang mit dem Tod und der Auferstehung Christi gemacht und so in seinem Namen die Busse und Vergebung der Sünden verkündigt werden» (ebd.). Hier, in Kreuz und Auferweckung Jesu, überwindet Gott die sündige Trennung des Menschen von ihm, hier setzt er einen neuen Bund mit seinen Geschöpfen. Vor allem aber begründet die Auferstehung Jesu das Vertrauen darauf, dass er in jeder Gegenwart wieder präsent ist und die Menschen an seinem Heil teilhaben lässt. In der Verkündigung des auferstandenen Christus muss die christliche Predigt ihr Zentrum haben, denn Busse und Vergebung, Umkehr und Lebenserneuerung entstehen erst aus dem Vertrauen in die barmherzige Gegenwart Gottes. Und Jesus Christus ist der Name für Gottes barmherzige Gegenwart.

Rechtfertigung und Heiligung: Die Konzentration auf Christus zeigt sich im *Synodus* besonders daran, wie Gottes Freispruch (Rechtfertigung) und Lebenserneuerung des Menschen (Heiligung) verbunden werden. Wird ein Mensch von der Selbsthingabe Jesu am Kreuz und seiner Überwindung des Todes in der Auferstehung betroffen, führt ihn dies unweigerlich in «eine rechtschaffene Busse», worauf Gott ihm seine Sünden vergibt. Die Sündenvergebung führt zu einer tiefgreifenden Veränderung des Menschen: «Wo der Vater so seinen Sohn offenbart und ihn den Gewissen vorhält, da folgen fester Glaube und herzliches Vertrauen auf solche unbegreifliche Gnade Gottes» (S. 77. Hier ist in knappen Worten beschrieben, was in der reformatorischen Theologie allgemein als Rechtfertigung des Sünders allein aus Gnade (*sola gratia*) und allein durch den Glauben (*sola fide*) bezeichnet wird. Gemeint ist damit Folgendes: In Christi Weg zum Kreuz und in seiner Auferweckung entdecken wir einen Gott, dessen Zuwendung grösser ist als aller menschliche Wille, ohne ihn zu leben. Wo Menschen diese Zuwendung wahrnehmen und für sich gelten lassen, finden sie ihrerseits zu einer neuen, vertrauensvollen Gemeinschaft mit Gott. Diese vertrauensvolle Gewissheit wird in der Bibel «Glaube» genannt, und durch sie wird unser Verhältnis zu Gott recht. Deshalb heisst es im *Synodus*: «Dieser Glaube macht gerecht.» (ebd.)

Capito bleibt freilich nicht bei der Sündenvergebung und ihrer Aneignung im Glauben stehen, sondern verfolgt den – als Wirken des Heiligen Geistes im Menschen verstandenen – «Gang der Gnade» weiter. Wenn der Mensch die Barmherzigkeit Gottes entdeckt, bleibt dies nicht folgenlos. Der Geist Christi «offenbart die heimliche Sünde und den verborgenen Fluch der Herzen und bringt sie je länger je mehr an das Licht». (ebd.) Die Gnade Gottes prägt das menschliche Leben, sie setzt einen Prozess der permanenten Erneuerung in Gang, durch den wir dem Willen Gottes immer mehr zu entsprechen beginnen. Anders als Luther und erst recht anders als Calvin ist Capito aber äusserst zurückhaltend, wenn es darum geht, das erneuerte christliche Leben genauer zu beschreiben. Wichtiger als diese inhaltliche Explikation ist für ihn zu zeigen, dass der Heilige Geist einen Menschen dadurch verändert, dass er ihn immer wieder zu Christus und dessen Einstehen für uns Menschen zurückführt. Die Barmherzigkeit Gottes in Christus bleibt damit die Quelle für das gesamte menschliche Leben. Auch Capitos Verständnis der Heiligung ist damit konsequent auf Christus ausgerichtet. Hier wäre viel zu lernen: Mit einem stärkeren Bewusstsein für die Rückbindung allen menschlichen Handelns an das, was Gott in Christus für uns schon getan hat, hätte sich das reformatorische und vor allem das reformierte Christentum manchen moralistischen Irrweg erspart.

Sakramente: Keine andere Frage hatte innerhalb des reformatorischen Lagers eine derartige Sprengkraft wie diejenige der Sakramente. Bei der Taufe sah man sich insbesondere in der Eidgenossenschaft mit den kritischen Anfragen der Täufer an die Kindertaufe konfrontiert. Beim Abendmahl stimmte man zwar überein in der Ablehnung der römischen Messopfervorstellung, gleichzeitig hatte aber die Kontroverse zwischen Luther und Zwingli über das rechte Verständnis der Gegenwart Christi im Abendmahl tiefe Gräben aufgerissen. Die *Berner Thesen* reihen sich in die ablehnende Front gegen die Messe ein, was auch sofort zu deren Abschaffung im Berner Untertanengebiet führte. Mit der vierten These, die sich gegen den leiblichen Empfang des Erlösers in den Abendmahlselementen wendet, führen sie diese Linie fort, nehmen aber gleichzeitig in der innerevangelischen Auseinandersetzung Partei für Zwingli, der die

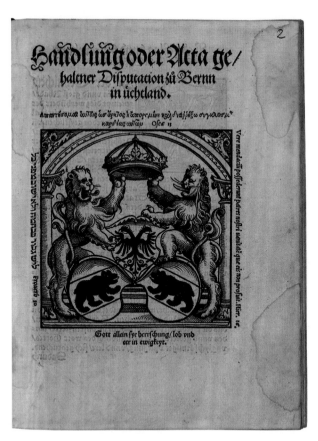

Abb. 4: Titelblatt der Akten der Berner Disputation. Die Akten der Berner Disputation
wurden vom Rat umgehend veröffentlicht, am 23. März und am 23. April 1528 erschienen zwei Ausgaben bei Christoph Froschauer in Zürich, da es in Bern noch keine
Druckerei gab. Das Titelblatt präsentiert die Hoheitszeichen Berns: Die Wappenpyra-
mide zeigt über dem zweifachen Berner Schild den Reichsschild mit doppelköpfigem
Adler, flankiert von zwei Löwen, welche die Krone des Kaisers halten. Die Heraldik
bringt die Reichsunmittelbarkeit Berns zum Ausdruck, also das Recht, im Namen des
Kaisers zu regieren und Gericht auszuüben. Mit den Hoheitszeichen auf dem Titelblatt
der Akten der Disputation, die auf dem Territorium Berns die Reformation begründeten, brachte der Rat unzweideutig seinen Anspruch zum Ausdruck, die obrigkeitliche
Hoheit auch über die Kirche auszuüben, die er Papst und Bischöfen entrissen hatte.
Das Bild wurde allerdings auch kritisiert, «es seyend bären truckt, die habind keini
kräwel [Krallen] an den tapen».

Vorstellung einer leiblichen Gegenwart Christi in Brot und Wein ebenfalls bestritt.

Angesichts der friedfertigen Gesinnung, die sich durch den *Synodus* zieht, überrascht es nicht, dass besonders in der Frage der Sakramente ein versöhnlicher Ton angeschlagen wird. Capito setzte bei seiner Erörterung der Thematik ein mit der Ermahnung: «Wir wollen sehr fleissig einander erinnert und ermahnt haben, dass wir alle in der Liebe gegen jedermann bleiben, soviel an uns ist. Und dass wir uns nicht in irgendeinen Zank einlassen vor allem der heiligen Sakramente wegen» (S. 82). Denn, so das Argument, es bestehe die Gefahr, denjenigen, um den gestritten wird – Jesus – im Zank «gänzlich [zu] verlieren» (ebd.).

Im *Synodus* wird aber nicht allein zur Versöhnlichkeit aufgerufen, es findet sich auch das Bemühen um Positionen, welche die Frontlinien überwinden helfen. Der sakramentstheologische Grundsatz lautet dabei: «Durch sie [die Sakramente] wird den Gläubigen der Christus äusserlich dargeboten, der – gegenwärtig im heiligen Geist – die Herzen schwängert und erfüllt» (ebd., S. 83). Taufe und Abendmahl sind sinnlich fassbare Zeichen, welche die geistige Realität, dass Christus im Menschen Wohnung nimmt, abbilden. Daneben kommen dem Wasser auf der einen sowie Brot und Wein auf der andern Seite keine Wirksamkeit zu. Mit dieser Akzentverschiebung auf den inneren Prozess der Einung mit Christus verliert die Frage nach dem Verhältnis Christi zu den Elementen des Sakraments erheblich an Gewicht und damit auch an Konfliktpotenzial. In der damaligen Abendmahldebatte musste dieser Auffassung gegenüber sofort der Vorwurf laut werden, damit würden die Elemente Brot und Wein weitgehend entwertet. Dagegen hielt Capito fest: «Die Sakramente dieser Kirche sind nicht bloss Zeichen, sondern Zeichen und heimliche Kraft Gottes zugleich» (S. 85). Will heissen: Als Zeichen sind Sakramente nie «bloss» Zeichen, sie bewirken immer auch das, wofür sie Zeichen sind. Es käme aber der Kreaturvergötterung gleich, vergässe man dabei, dass dieses Bewirken sich in jedem Fall dem Heiligen Geist verdankt. Capito beschrieb deshalb menschliches und göttliches Handeln in der Taufe als *parallele* Vorgänge: «Der Diener [des Wortes] tauft mit Wasser und Christus zugleich mit seinem Geist» (ebd., S. 85), Brot und Wein vergegenwärtigen uns beim Abendmahl Leib und Blut Christi, und beides «speist und tränkt uns innerlich im heiligen Geist» (S. 88). Diese stark geisttheologisch geprägte Sakramentsauffassung weist vorwärts auf Calvins Konzeption, der ebenfalls die Gegenwart Christi in den Sakramenten als durch den Geist gewährleistet dachte. Die theologische Forschung ist der Auffassung, dass er damit einen Ansatz vorlegte, der den in der Abendmahlsfrage zerstrittenen Parteien eine Einigung erlaubt hätte.

Bei der Taufe eröffnet die Unterscheidung zwischen der Taufe mit Wasser und der Taufe durch den Geist im *Synodus* die Möglichkeit, die Kindertaufe zu befürworten und gleichzeitig den Verdacht der Täufer abzuwehren, es handle sich hier bloss um leere Zeremonien. Die Taufe von Kindern erfolgte in der Hoffnung, «der Herr werde nach seiner ewigen Güte danach sein Amt bei ihnen auch ausrichten und sie mit dem heiligen Geist wirklich taufen» (S. 85). Ansonsten zeichnet sich sowohl das Tauf- als auch das Abendmahlsverständnis im *Synodus* durch einen starken Gemeindebezug aus. Drastisch findet sich dies in Bezug auf die Taufe ausgedrückt: «Ist nämlich die Gemeinde nicht dabei, so ist die Taufe nicht ein Sakrament der Kirche, sondern ein gewöhnliches Kinderbaden» (S. 86). Ihr Ort ist deshalb im Gotteshaus und im Gottesdienst, und im Übrigen soll man sich um eine einheitliche Taufpraxis bemühen. Auch das Abendmahl ist zu feiern als «ein Sakrament der Gemeinschaft und Vereinigung» (S. 89). Ähnliche Debatten zur Tauf- und Abendmahlspraxis werden heute noch (oder wieder) geführt.

Kirche und Staat: Es wurde bereits erwähnt, dass sich die bernische Obrigkeit in der Einleitung zum *Synodus* auf den Primat der

Heiligen Schrift verpflichtete und sich damit der Autorität Christi auch im staatlichen Handeln unterstellte. Die Herrschaft Christi über die irdische Obrigkeit hat Folgen für das Verhältnis von Kirche und Staat. Christus übt seine Autorität in der Welt konkret durch sein Wort aus, und wenn seine Herrschaft auch über den Staat Geltung hat, dann gehört es zu den Aufgaben der Kirche, der Obrigkeit gegenüber das Wort Gottes laut werden zu lassen. Deshalb «sollen die Pfarrer das Schwert des göttlichen Wortes in gleicher Weise schneiden lassen und niemanden verschonen, es sei Frau oder Mann, Herr oder Knecht, Freund oder Feind, Oberherr oder Untertan» (S. 100). Die Kirche kann nie blosse Vollzugsbehörde des Staates sein, vielmehr ist sie von ihrem Herrn zur kritischen Distanznahme verpflichtet. Es versteht sich, dass es dabei nie um eine Totalkritik gehen kann, sondern um eine solidarische Kritik im Wissen darum, dass die weltliche Obrigkeit von Gott eingesetzt ist als zeitliches Regiment zur Begrenzung von Konflikten zwischen den Menschen.

Der Verfasser des *Synodus* war sich bewusst, dass den Vertretern der Kirche nicht nur die gouvernementale, sondern auch die populistische Gefahr droht: Die Pfarrer können sich einerseits zu sehr der Obrigkeit anpassen, aber andererseits sich auch auf die Seite der Untertanen schlagen und deren oft überzogene Polemik gegen die Regierenden übernehmen. «Das tun sie, um sich selbst den gemeinen Mann anhängig zu machen. Der hört es gern, wenn man andere Leute, vorab die Obrigkeit, lästert und beschimpft.» (S. 101) Auch auf diese Weise verliert die Kirche ihre Unabhängigkeit. Aber: «Es gebührt einem Diener Christi, sich weder Untertanen noch Obrigkeiten zu unterwerfen.» (ebd.) Um der Freiheit des Wortes Gottes willen muss er sich sowohl gegen oben wie gegen unten von Allianzen freihalten, in welchen er für menschliche Interessen instrumentalisiert wird. Wo der Diener Christi diese Distanz aber hält, dort kommt das Evangelium allen zugute.

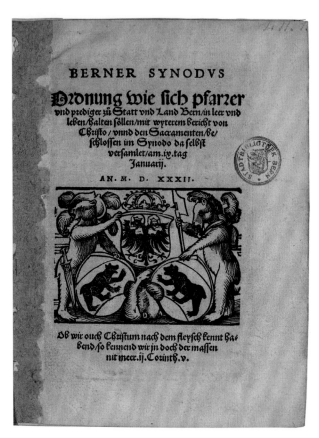

Der *Berner Synodus* schlägt auf wenigen Seiten eine Vielzahl von Themen an – vieles davon ist hier nicht genannt worden. Es verbinden sich in ihm Dogmatik, Ethik, Pastoraltheologie, Gemeindeordnung sowie Ratschläge für die Lebensführung im Pfarrhaus, und dies alles in einer bemerkenswerten Stringenz, ohne markante Brüche in der Gedankenführung. Damit ist der *Synodus* ein eindrückliches Beispiel dafür, wie durch Bezugnahme auf die Bibel und klare theologische Lehre Konflikte und praktische

Fragen in der Kirche effektiv bearbeitet werden können. Dass in der aufgeheizten Stimmung der Reformationszeit der von Capito vorgeschlagene Weg schnell wieder verlassen worden ist, widerlegt seine Gültigkeit nicht. Angesichts der blutigen Verfolgung der Täufer, der Kriege im konfessionellen Zeitalter und ihrer Folgen in der Kirchen- und Religionskritik der Aufklärung stellt sich die Frage, ob mit diesem Weg nicht viele Irrungen und Wirrungen, viel Zwang, Leid und Tod hätten vermieden werden und die Kirche ein glaubwürdigeres Zeugnis vom angebrochenen Reich Christi hätte geben können.

3. Aktuelle Perspektiven

Disputationsthesen, Reformationsmandat und *Synodus* werden in der Kirchenverfassung vom 19. März 1946 als die «geschichtliche Grundlage» der Evangelisch-reformierten Landeskirche des Kantons Bern bezeichnet (Art. 1, Abs. 4). Damit wird der Stellenwert der drei Dokumente bestimmt. Und dabei ist wichtig: Mit ihrer Erwähnung als geschichtliche Grundlage werden die angeführten Texte zunächst einmal in ihrer Verbindlichkeit eingeschränkt. Sie sollen nicht verwechselt werden mit dem, was in anderen Kirchen als Bekenntnisschriften gilt. Weder werden die Geistlichen der evangelisch-reformierten Berner Landeskirche also auf diese Schriften ordiniert, noch geben sie den bindenden Massstab für die Auslegung der Bibel ab. In der Begrenzung der theologischen Verbindlichkeit auch von kirchenhistorisch zentralen Texten spiegelt sich das Selbstverständnis der Berner Kirche als einer bekenntnisfreien Kirche. Bekenntnisfreiheit darf dabei freilich nicht als Bekenntnis*losigkeit* missverstanden werden. Die Relativierung aller konfessionellen Texte soll vielmehr dazu anleiten, den eigenen Glauben immer wieder an Jesus Christus selbst und am biblischen Zeugnis von ihm zu orientieren. Daher nimmt die Kirchenverfassung die erste Berner These auch inhaltlich auf und setzt mit dem Bekenntnis zu Jesus

Christus ein, bezeugt in den Heiligen Schriften Alten und Neuen Testaments (Art. 1, Abs. 1 und 2). Bekenntnisfreiheit soll dem Grundbekenntnis zu Christus dienen.

Als «geschichtliche Grundlage» kommt den drei Dokumenten aus der Berner Reformation aber trotzdem eine herausragende Bedeutung für die evangelisch-reformierte Landeskirche Bern zu. Sie verdienen zum einen spezielle Beachtung, weil sie die eigentlichen Gründungsschriften dieser Kirche darstellen und diese Kirche in ihrer Spezifik deshalb nicht ohne sie verstanden werden kann. Über diesen historiographischen Wert hinaus kommt den Texten aber auch eine bleibende *theologische* Geltung zu. In ihnen sind jene theologischen Entscheidungen festgehalten, die für die Reformation der Kirche in Bern massgebend waren und die sie in der Folge geprägt haben. Anders gesagt: Sie umreissen die theologische Identität der evangelisch-reformierten Kirche in Bern. Diese Identität misst sich wesentlich auch daran, in welchem Masse die Berner Kirche den theologischen Entscheidungen der Thesen, des Mandats und des *Synodus* treu bleibt. Als *ecclesia reformata* eine *ecclesia semper reformanda* zu bleiben, bedeutet deshalb für sie immer auch, sich auf diese wegweisenden Texte zurückzubeziehen, sie neu zu befragen und sich ihrerseits von ihnen befragen zu lassen. Wie fruchtbar diese Auseinandersetzung sein kann, zeigt schon ein kurzer Blick auf Perspektiven für die heutige Kirche, wie sie sich aus unseren drei Dokumenten ergeben.

«Allein die Schrift»: Auf die Frage, was evangelische Christen von römisch-katholischen unterscheide, geben viele an, dass jene kein päpstliches Lehramt kennten. Diese Auskunft ist zwar nicht erschöpfend, aber richtig. Weniger bekannt ist allerdings die Begründung für die Ablehnung der Lehrautorität des Papstes (oder einer anderen kirchlichen Autorität). Diese, so die reformatorische Theologie, sei weder nötig noch geboten, weil die Christen aus der Heiligen Schrift alles für ihr Heil Notwendige zu hören be-

kommen. Das aber bedeutet: Evangelische Christen sind, indem sie jede kirchliche Lehrautorität ablehnen, umso stärker auf die Bibel als die allein gültige Autorität in der Kirche verpflichtet. Diese Verpflichtung gilt noch einmal stärker für eine reformierte Kirche, die sich als bekenntnisfrei versteht. Eine bekenntnisfreie Kirche bindet sich erst recht exklusiv an die Bibel.

Die erste *Berner These* stellt die ausschliessliche Autorität von Gottes Wort unmissverständlich heraus. Eine Kirche in der Tradition dieser These muss sich deshalb immer wieder der Frage aussetzen, welche Geltung die Heilige Schrift für ihr Glauben und Handeln hat. Die Klage über die «Bibelvergessenheit» ist in den Kirchen alt und zeigt wohl ein Grundproblem jeder Volkskirche an. Trotzdem hat sich in den letzten Generationen der Schwund an Bibelkenntnis in einem Ausmass beschleunigt, dass man von einem eigentlichen Traditionsabbruch sprechen muss. Die Bibel hat aufgehört, Gegenstand tradierten Kulturwissens zu sein. In den Schulen werden ihre Inhalte kaum mehr gelehrt, und die Kirchen vermögen dieses Defizit aus eigener Kraft nicht auszugleichen. Auch unter den Mitgliedern der Kirchen sind biblische Gehalte deshalb immer weniger präsent, eine Tatsache, die sich tiefgreifend auf ihren Unterricht, ihre Gottesdienste und ihre Seelsorge auswirkt.

Mit dem Verlust der Bibel in der Kirche steht nicht weniger als deren Identität auf dem Spiel. Die erste Berner These bringt in grossartiger Prägnanz zum Ausdruck, dass die Kirche aus der Bibel die Stimme ihres Herrn zu hören hofft. Durch diese Stimme, durch das Wort Gottes, entsteht und lebt die Kirche – sie ist ein «Geschöpf des Wortes» (*creatura verbi*). Die evangelisch-reformierte Kirche heute erhält aus der ersten Berner These den Auftrag, sich darauf zu besinnen, dass sie ihren Grund in der biblischen Botschaft – und nur dort – hat. Etwas anderes ist aber noch wichtiger: Die Kirche darf aus dieser These das Vertrauen ableiten, dass sie auch heute aus der Heiligen Schrift zu hören bekommt, was sie nötig hat. Denn die erste Berner These besagt vor allem: Gott ist nicht ein stummer Gott, sondern einer, der zu den Menschen spricht.

«Allein Christus»: Auf die Schrift bezieht sich die Kirche deshalb, weil sie aus ihr die Stimme Christi vernimmt. Schriftbezug ist Christusbezug. Auch die exklusive Geltung Christi für die Reformatoren ist aber nur dann nachvollziehbar, wenn diese streng inhaltlich verstanden wird. Allein in Christus sollen die Gemeinden wurzeln, weil sie im Gekreuzigten und Auferstandenen wie nirgends sonst die Güte Gottes entdecken: einen Gott, der sich selbst in die Konflikte und die Schmerzen der Menschen begibt, der aber davon nicht überwältigt wird, sondern sie für uns überwindet – einen Gott, der arm wird, damit wir reich werden.

An dieser Stelle hat sich der gegenwärtige Horizont gegenüber demjenigen der Reformatoren nachhaltig verändert. Christen leben in einer Welt, in der viele Religionen und Weltanschauungen nebeneinander präsent sind und mit ihren Wahrheitsansprüchen konkurrieren. Sie stehen vor der Frage, wie friedliches Zusammenleben und gegenseitiger Respekt in dieser Pluralität möglich sein können. Regelmässig werden die Religionen mit ihren Geltungsansprüchen für Konflikte verantwortlich gemacht. Wäre es deshalb nicht ein wichtiger Schritt der Christen, im Interesse einer friedlichen Weltgemeinschaft auf die exklusive Verehrung von Jesus Christus zu verzichten?

Bei genauerer Überlegung zeigt sich, dass Christus nicht als Ursache für die Ausgrenzung anders Glaubender, sondern gerade als Begründung für den Respekt vor andern und für die Offenheit für andere verstanden werden kann. Jesus ist für alle gestorben und für alle auferweckt worden. Dieser Universalität seines Wirkens kann nur eine ebenso universal ausgerichtete Einstellung seiner Kirche zu den anderen entsprechen. Christus als Herr aller Menschen hält die Grenzen der Kirche offen. Die Ausrichtung

Abb. 6: Wolfgang Fabricius Capito (1478–1541),
Kupferstich (Pierre Aubry).

der Christen auf diesen Herrn lässt sie deshalb nicht zu einer in sich abgeschlossenen Sekte werden, sondern macht sie erst recht pluralismusfähig.

Kirche und Staat/Gesellschaft: Der *Berner Synodus* versteht die Kirche als kritisches Gegenüber zum Staat. Weil der Staat nicht autonom funktioniert, sondern dem Willen Gottes unterstellt ist, bleibt er auf eine Instanz angewiesen, die ihm diese Verpflichtung immer wieder ins Bewusstsein ruft. Erfrischend am *Synodus* ist sein realistischer

Blick für die Tatsache, dass die Kirche in der Versuchung steht, sich sowohl gegen oben wie gegen unten zu verbrüdern, und dass sie mit beidem ihrem Auftrag gegenüber versagt.

Auch hier haben sich die soziologischen Verhältnisse seit dem 16. Jahrhundert grundlegend verschoben. Das relativ einfache Gegenüber von Obrigkeit und Untertanen ist von einer differenzierten demokratischen Gesellschaft abgelöst worden, in der verschiedene Systeme (wie Wirtschaft, Politik oder Medien) ihren Einfluss geltend machen. Es ist deshalb auch nicht mehr sinnvoll, lediglich den Staat als Gegenüber der Kirche zu sehen. Zwar bleibt der Staat ein wichtiger Adressat kirchlichen Redens, nicht weniger sind es aber die anderen Akteure im öffentlichen Kräftespiel. Auch das Gebot des *Synodus*, sich mit den Akteuren im Staat nicht gleichzustellen, muss auf diesem Hintergrund differenzierter verstanden werden. Die Kirche soll auf der Hut sein vor der Versuchung, sich mit einer bestimmten politischen Kraft zu eng zu verbinden. Nicht weniger wach soll sie aber gegenüber der Verlockung sein, sich von wirtschaftlichen Akteuren oder für gängige gesellschaftliche Trends instrumentalisieren zu lassen. Nochmals: Damit ihre eigene Stimme in der Gesellschaft hörbar bleibt, muss die Kirche zu allen gesellschaftlichen Segmenten eine kritische Distanz wahren können.

Ebenfalls anders als in der Reformationszeit kann die heutige Gesellschaft von der Kirche nicht mehr auf ihre christliche Verpflichtung angesprochen werden. In einer pluralistischen Gesellschaft kommt sie nicht darum herum, ihre Anliegen in einer Sprache vorzutragen, die auch Menschen zugänglich ist, die sich nicht zu Christus bekennen. Nur auf diese Weise können die Voten der Kirche Beiträge zu einer öffentlichen Debatte sein. Der Auftrag der Kirche, ihre Botschaft gegenüber der Gesellschaft geltend zu machen, enthält deshalb heute auch die Aufgabe, diese Botschaft einer pluralen Öffentlichkeit zu vermitteln, ohne sich selbst untreu zu werden.

Die zehn Thesen
17. November 1527

Übersetzung: Ernst Saxer

Über diese nachstehenden Thesen wollen wir, Franz Kolb und Berchtold Haller, beide Prädikanten in Bern, zusammen mit andern, die das Evangelium bekennen, einem jeden mit Gott aus heiliger biblischer Schrift Red und Antwort stehen auf der angesetzten Tagung in Bern, Sonntag nach Circumcisionis [5. Januar] im Jahre 1528:

1. Die heilige christliche Kirche, deren alleiniges Haupt Christus ist, ist aus dem Wort Gottes geboren. Darin bleibt sie und hört nicht auf die Stimme eines Fremden.

2. Die Kirche Christi schafft nicht Gesetze und Gebote ohne Gottes Wort. Darum sind all die Menschensatzungen, die man «Gebote der Kirche» nennt, für uns nur soweit bindend, als sie im göttlichen Wort begründet und geboten sind.

3. Christus ist unsre alleinige Weisheit, Gerechtigkeit, Erlösung und Bezahlung für die Sünden der ganzen Welt. Ein anderes Verdienen der Seligkeit und Genugtuung für die Sünden bekennen heisst darum Christus verleugnen.

4. Dass der Leib und das Blut Christi als solche leiblich im Brot der Danksagung empfangen werden, lässt sich mit biblischer Schrift nicht begründen.

5. Die Messe, wie sie zur Zeit Brauch ist und in der Christus Gott dem Vater für die Sünden der Lebendigen und Toten aufgeopfert werden soll, ist schriftwidrig, eine Lästerung des allerheiligsten Opfers, des Leidens und Sterbens Christi, und wegen ihrer Missbräuche vor Gott ein Greuel.

6. Wie allein Christus für uns gestorben ist, soll auch er allein als Mittler und Fürsprecher zwischen Gott dem Vater und uns Gläubigen angerufen werden. Darum wird alles Anrufen anderer Mittler und Fürsprecher im Jenseits von uns als unbegründet in der Schrift verworfen.

7. In der Schrift findet sich kein Fegefeuer nach dieser Zeit. Darum ist aller Totendienst – Vigilie, Seelenmesse, Seelengeräte [Stiftungen für Seelenämter], Siebenter, Dreissigster, Jahrzeit, Ampeln, Kerzen und dergleichen – sinnlos.

8. Bildermachen zum Zweck der Verehrung verstösst gegen Gottes Wort des Neuen und Alten Testaments. Darum sind sie, wenn mit ihrer Aufstellung die Gefahr ihrer Verehrung besteht, zu beseitigen.

9. Die Schrift bringt für keinen Stand ein Verbot der heiligen Ehe, wohl aber wird allen Ständen geboten, Hurerei und Unkeuschheit zu meiden.

10. Ein öffentlicher Hurer befindet sich nach der Schrift im offen-
    sichtlichen Bann. Infolgedessen schaden wegen des Ärgernisses,
    das sie erregen, Unkeuschheit und Hurerei keinem Stand mehr
    als dem priesterlichen.

Alles Gott und seinem
heiligen Wort zu Ehren.

Anno Domj
15 28
Costnitz

Strassburg

Vlm.

Vberlingen
Lindow.
Jssnÿ
Nuremberg

Von Costnitz Rathsbotten sampt M. Ambrosi Blawer, auch
anderen predicanten vnd gelerten mer.

Von Strassburg der Stat beid predicanten, H. Doctor wolfgang Capito vnnd herr Martin Butzer sampt anderen.

Von Vlm H. Cunrat Som von Rotnacker, pfarrer zu Vlm,
vnd Cunlis Bub zu Kisslingen.

Von Vberlingen, H. Doctor Christoffel Schapeler,
vnd Lindow H. Tomas Gassner.

Von Jssnÿ der Schulmeister vnd etliche mit jm.

Von Nuremberg H. Andreas alt hamer.

Von Augspurg auch etliche personen, Item anderer mer die
mir nit gewusst sind.

Wo vnnd wie die disputation zu Bern
angefangen vnd gehalten worden

Zu Bern, Jnn der Stat Jst ein Closter, genannt zu den Bar-
fussern, darinn Jst ein grosse weyte Kirchen. Jnn wel cher
was Jnn der Mitte verschrenckt, ein zimlich hoch prütge, dar-
uff waren zwo langen Bencken, vff stafflen vornen gieng dar-
uff stunden 2 Tisch gestelt, das beide gegen ainander, dar auss sich

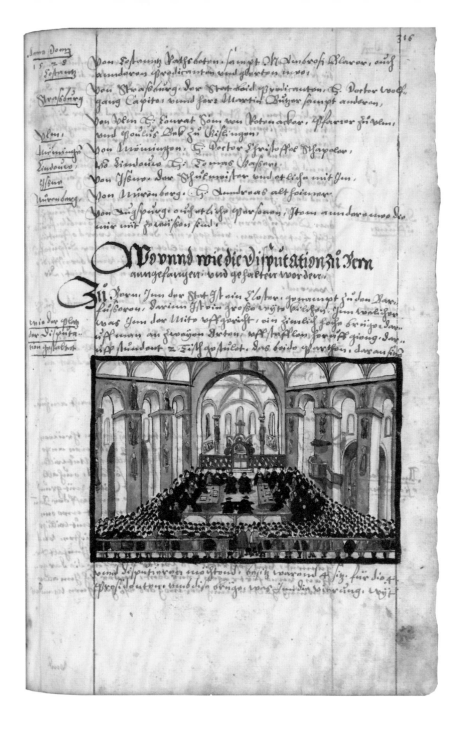

vnd disputieren mochtend, bey welchen warend 4 sitz für die 4
presidenten, vnd die örtiger, wie Jnn der weyhung, vff

Das Reformationsmandat
7. Februar 1528

Übersetzung: Ernst Saxer

Allgemeine Reformation und Verbesserung der bisher verwende-
ten Gottesdienste und Zeremonien, die neben dem Wort Gottes
durch menschliches Gutdünken nach und nach eingepflanzt und
durch den Haufen des Papsttums dreist gehandhabt, aber jetzt aus
Gottes Gnade und der Belehrung durch sein heiliges Wort ausge-
rottet worden sind, durch den Schultheissen, den Kleinen und den
Grossen Rat der Stadt Bern im Üechtland, welche dementsprechend
beschlossen und das Mandat erlassen haben, in ihren Städten, Landen und Gebieten habe man sich in Zukunft an diese Reformation
zu halten.

Gnade und Friede von Gott dem Vater
und unsrem Herrn Jesus Christus.
Amen.

Wir, der Schultheiss, der Rat und die Zweihundert der Bürger –
genannt der Grosse Rat – in Bern, richten folgende Bekanntma-
chung an all unsre lieben, getreuen Bürger, Untertanen, Hinter-
sässen, an die, die unsrer Verwaltung unterstehen und zugehören,
an alle samt und sonders, die in unsern Städten, Dörfern, Landen

und Gebieten wohnhaft und ansässig sind, an Geistliche und Weltliche, niemanden ausgenommen, auch an all ihre Nachkommen.

Bekanntlich ist es Sache der Obrigkeit, die wir sind, dass wir euch, die ihr uns von Gott als die Unsern anbefohlen seid, nicht nur in allen weltlichen Sachen zu Recht und Ordnung anhalten, sondern euch auch (soweit Gott Gnade gibt) zu rechtschaffenem Christenglauben anleiten und euch ein ehrbares Vorbild bieten. Zweifellos seid ihr euch dessen wohl bewusst, wie viel Mühe uns das gekostet hat, wie mancherlei Verordnungen und Mandate wir diesbezüglich, uns und euch zu guter Instruktion, beschlossen und ausgefertigt haben in der Hoffnung, es sollte alles wohl gefruchtet haben. Doch entgegen unsern Vorstellungen hat all das, ganz anders als wir erwarteten, bisher zu nichts geführt.

Am Ende sind wir mit uns zu Rate gegangen und haben über eine passende Möglichkeit und Form nachgedacht, wie wir auf den wahren, festen Grund göttlicher Wahrheit zu stehen kommen, in christlicher Liebe zunehmen und beharren sowie einen richtigen Gottesdienst zuwege bringen könnten. Das hat sich nun gar nicht anders verwirklichen lassen als durch das Abhalten einer Disputation, die mit der Hilfe und Gnade des Allmächtigen in den jüngst vergangenen Tagen zu einem guten Ende gelangt ist (Gott sei Lob!). Wie diese aber ausgeschrieben worden und nachher vor sich gegangen ist, kann jedermann genau aus den im Druck ausgegangenen Akten erfahren, so wie er aus der vorliegenden Schrift ersieht, wor-über wir auf ihr beraten haben.

1. Erstens stellen wir fest, dass wir, was die zehn Thesen betrifft, uns genügend davon haben überzeugen lassen, dass diese christlich, in der göttlichen Schrift begründet und damit stichhaltig sind. Deshalb sehen wir uns veranlasst, sie an die Hand zu nehmen und ihnen ohne Umschweife nachzuleben – wobei wir hiermit in christlicher Absicht genauso auch euch ermahnen und gebieten, dass ihr es in dieser Sache samt und sonders gleich wie wir haltet und euch nicht

von uns distanziert. Denn glaubt uns, wenn wir nicht sicher wären, dass die vermeintlichen Gottesdienste und Zeremonien, wie sie bis anhin Brauch waren, nicht in der Heiligen Schrift gründen, und wir uns ferner nicht zutrauen würden, dass wir unser Vorhaben und Beschliessen mit gutem Recht vor Gott und der Welt verantworten können, dann hätten wir die gegenwärtige Erneuerung nicht vorgenommen (das bezeugen wir vor Gott).

Allen Pfarrern und Prädikanten, die den Unsern zu Stadt und Land vorgesetzt sind, gebieten wir darum bei Verlust ihrer Pfründen, dass sie in keiner Weise gegen die besagten zehn Thesen und ihren Inhalt weder predigen noch lehren, sondern vielmehr sich befleissen, das Wort Gottes getreulich unter das Volk zu säen und zu unterweisen, danach zu leben.

2. Zum zweiten: Die vier Bischöfe und ihre Gelehrten, die wir zu unserer Disputation schriftlich und mündlich eingeladen haben, sind trotz unserer Aufforderung doch nicht erschienen. Dazu passt, dass sie die Schäflein nur geschoren, nicht aber im Sinn der Lehre Gottes geweidet haben, ja, sie besonders in Irrtum gesteckt, ungetröstet und verwaist gelassen haben. Diese und weitere gerechte Gründe haben uns bewogen, ihr drückendes Joch von unsern und euren Schultern abzuwerfen und so ihr eigennütziges Gewerbe abzustellen. Und infolgedessen wollen wir nicht, dass ihr oder eure Nachkommen ihnen oder ihren Nachkommen in Zukunft gehorsam sein müssen. Ihr Gebot und Verbot (was geistliche Sachen betrifft) sollt ihr nicht annehmen, wie zum Beispiel betreffend Chrisam [Salböl], Ehehändel, Bann und andere Belastungen[1] wie

---

[1] Den freundlichen Bemühungen von P. Dr. Lukas Schenker, Mariastein, verdanke ich die folgenden Erläuterungen zu Artikel 2: Consolation: Unterhaltsbeiträge an den Bischof bei dessen Besuchen; Penalien: Bussen und Strafgelder für Vergehen der Kleriker; Absolution: Der Bischof konnte sich bei gewissen schweren Sünden die Absolution vorbehalten; Inducien: Dispense oder andere Entscheide der bischöflichen Gerichtsbarkeit, um deren Abschaffung es in diesem Abschnitt ganz allgemein ging.

Consolation, Penalien, Gebete, Absolution, Inducien, Erstlingsfrüchte, genannt Primizen, Fiskalschulden und andere bischöfliche Statuten, Mandate, Satzungen, Schatzungen und Auflagen. All dieser Lasten sollen wir, ihr, unsre und eure Nachkommen ledig sein. Denn daran kann kein Zweifel bestehen: Hätten die Bischöfe sich zugetraut, diese Auflagen, wie auch andere aus den bisher üblichen Gottesdiensten stammende Bräuche, auf unserer Disputation mit dem Wort Gottes zu erhärten, so wären sie nie und nimmer ferngeblieben.

Doch wollen wir das Gesagte nicht dahin verstehen, dass ihnen in Sachen weltlicher Obrigkeit – auch der Bündnisse – von uns oder euch irgendein Nachteil oder Schaden erwachsen solle.

3. Drittens sollen alle Dekane und Kammerer [Vizedekane und Kassiere], die den Bischöfen geschworen haben, dieser Eide ledig sein und einzig uns schwören.

Es sollen aber in den Kapiteln diejenigen Dekane, die gegen die evangelische Lehre sind, ausgewechselt und an ihrer Stelle gläubige, gottesfürchtige Männer in dieses Amt gewählt werden, die gewissenhaft darüber wachen, dass die Pfarrer und Prädikanten getreulich das Wort Gottes lehren, danach leben und dem einfachen Volk ein gutes Beispiel bieten. Sie sollen die Pfarrer und Prädikanten, wenn diese irren, mit ihrem Lebenswandel Ärgernis erregen oder das Wort Gottes nicht getreulich predigen, vor versammeltem Kapitel zurechtweisen, über ihren Irrtum aufklären und, sollten diese sich nicht bessern wollen, dann uns anzeigen, damit wir euch mit andern – tauglichen – Pfarrern versehen.

Wir wollen auch, dass kein Priester gezwungen wird, in Kapitel zu gehen, die ausserhalb unserer Gebiete liegen, sondern sie sollen zu den Kapiteln gehören, die in unseren Landen gelegen sind, nämlich jeder zu dem ihm nächstgelegenen. Und wenn nicht genug Kapitel wären, soll ihre Zahl vermehrt werden.

4. Weiter gibt es etliche gemischte Pfarreien und Kirchgemeinden, so dass die Kollaturen [Recht zur Stellenbesetzung] und Be-
setzungen derselben nicht unsere oder der Unsern Sache sind, die
Kirche aber in unserem Gebiet gelegen ist. Anderseits haben auch
wir Kirchensätze [Patronatsrechte] ausserhalb unserer Gebiete, zu
deren Pfarrei etliche von den Unsern gehören – wie auch etliche von
den Unsern die Kirche an Orten besuchen müssen, wo die Kirchen
nicht auf unsrem Territorium liegen und auch der Kirchensatz nicht
unsere oder der Unsern Sache ist. Ferner gibt es etliche, die nicht
unsre Untertanen sind, aber Pfarrrecht und Kirchenzugehörigkeit
auf unsrem Territorium haben etc.

Aus dieser Vermischung könnten inskünftig allerlei Missver-
ständnisse und Streitigkeiten entspringen. In der Absicht, dem
zuvorzukommen, geben wir diesbezüglich den Bescheid, dass
ihr, die Unsern, wohin immer ihr kirchlich gehört, allen unsern
Mandaten, Geboten und Verboten, die wir in Glaubens- oder
weltlichen Sachen ausgehen lassen und euch zustellen werden,
gehorsam sein und nachleben sollt, wie ihr es ja schuldig seid.
Ihr sollt auf keinen Fall Gebote anderer Kirchen oder fremder
Herrschaft, wenn sie zu den unsern im Widerspruch stehen, annehmen noch ihnen, soweit sie euch berühren, stattgeben, sondern
sie ganz und gar ausser Acht lassen. Dagegen wollen auch wir
niemanden, der zwar kirchlich bei uns zugehörig, aber nicht von
den Unsern oder uns verpflichtet ist, zwingen, sich des Glaubens
wegen nach uns zu richten, sondern es ihnen anheim gestellt sein
lassen, zu glauben, was nach ihrem Sinn ist und was sie vor Gott
verantworten können. Denn wir für unser Teil verlangen nichts,
was nicht in allem recht und angemessen ist, und wollen auch
euch an verlangtem Gehorsam nur zumuten, was ihr gut ertragen
könnt und nach dem Wort Gottes zu tun schuldig seid.

Wir wollen dabei aber nicht so weit gehen, dass wir uns dieser
Sache wegen von unsern getreuen, lieben Eidgenossen, Bundes-
genossen und Mitbürgern in weltlichen Sachen absondern; viel-

mehr wollen wir die Bündnisse und Verpflichtungen in jeder Richtung getreulich (wie es ehrbaren Leuten zusteht) halten, in der Hoffnung und unzweifelhaften Zuversicht, dass ihr als loyale Untertanen uns, wie ihr es auch schuldig seid, bei unserem Raten und Taten unterstützen, schützen und schirmen werdet.

5. Fünftens haben wir als von Gottes Wort Belehrte in unserer Stadt Bern die Messe und die Bilder beiseite getan und abgeschafft, im Willen, sie nie wieder einzuführen, es wäre denn, wir würden mit der göttlichen Schrift eines Bessern belehrt und uns würde bewiesen, dass wir geirrt haben. Da sind wir ohne Sorge, da ja doch die Messe der Ehre Gottes Abbruch tut und dem ewigen Opfer Christi Jesu zur Lästerung gereicht, und die Götzenbilder bisher entgegen aller Schrift Neuen und Alten Testaments ausgestellt worden sind mit dem Risiko, verehrt zu werden, und den einfachen Christen verführt und von Gott dem Schöpfer und Erhalter aller Welt hinweg auf das Erschaffene verwiesen haben. Da wir aber sehr wohl wissen, dass etliche von den Unsern – einzelne Kirchen oder Personen – aus Mangel an evangelischer Lehre oder aus bösem Willen noch schwach sind und daher vor diesen Neuerungen stutzen und zurückscheuen, wollen wir keine Eile an den Tag legen, sie zu drängen und zu strafen, wir wollen vielmehr mit ihnen Mitleid haben; und sie sollen ganz einfach Gott bitten, er möge ihnen Verständnis für sein heiliges Wort geben. Solche Kirchgemeinden wollen wir weder unsanft noch vorschnell anfassen, sondern einer jeden vorläufig ihren freien Willen lassen, die Messe und die Bilder durch Mehrheitsbeschluss abzuschaffen.

Daneben gebieten wir euch im Allgemeinen und Besonderen bei schwerer Strafe, dass keine Partei die andere weder mit Worten noch mit Taten schmähe, verspotte, lästere oder beleidige, sondern eine die andere christlich toleriere. So werden wir euch mit der Zeit – und eben besonders wegen der Schwachen im Glauben –

Pfarrer abordnen und senden, die euch mit dem Wort Gottes erbauen und fördern und dementsprechend euch Anleitung zu gemeinsamem Leben nach dem Willen Gottes geben werden.

6. Da nun aus dem Gesagten folgt, dass die Sakramente und andern Ordnungen einer jeden Versammlung und Kirche von jetzt an anders gestaltet werden müssen als bisher – etwa die Feier des Abendmahls Christi Jesu, die Taufe, die Bestattung, der Eheschluss, der Bann, das Versehen der Kranken [mit den Sterbesakramenten] etc. –, so werden wir euren Pfarrern über all das schriftlichen Bescheid zugehen lassen und uns laufend bemühen, mit Gott all das abzuschaffen, was zu seinem göttlichen Willen im Widerspruch stehen könnte und christlicher Liebe nachteilig ist. Andererseits werden wir mit Gottes Hilfe alles einrichten, was einem ehrbaren Regiment und einem ehrsamen christlichen Volk vor Gott und den Menschen recht und wohl ansteht.

7. Da auch die Messen, Jahrzeiten, Vigilien, Seelengeräte [Stiftungen für Seelenämter], die sogenannte Siebenzeit [die täglichen Chorgebete] und andere Stiftungen in Wegfall kommen, aber gerade ihnen viele Zinsen, Zehnten, Renten, Gülten [Schuldtitel], Grundstücke und anderes Hab und Gut zugewendet worden und zugekommen sind, wollen wir nicht gestatten, dass jemand, wer er auch sei, solche den Klöstern, Stiften, Pfarreien und andern Kirchen vergabten und vermachten Güter diesen entziehe und sie irgendwie sich aneigne oder zuwende. Es soll vielmehr alles wie von alters her ausgerichtet und bezahlt werden, damit die, die in solchen Klöstern, Stiftungen und Kirchen verpfründet und bestallt sind, falls sie darin bleiben wollen, auf Lebzeiten versehen seien und so im Frieden absterben können. Nach ihrem Abgang aber werden wir handeln und vornehmen, was die Rechtmässigkeit erfordert; nicht, dass wir diese Güter in unsern Nutzen ziehen wollen, sondern, da sie ja sogenannte «Gottesgaben» sind, sie so

sinngemäss einsetzen und zuteilen, dass wir hoffen dürfen, damit vor Gott und der Welt Recht und Billigung zu bekommen.

Sollten aber Einzelpersonen, die noch bei Lebzeiten etwas für sich selbst durch [ein Gelübde an] Gott an die Klöster, Stifte und Kirchen freiwillig vergabt haben, ihnen das wieder wegnehmen wollen, so lassen wir es geschehen und ihrem Gewissen anheimgestellt sein. Selbstverständlich ist darin nicht mit inbegriffen, was die Verstorbenen vergabt und vermacht haben: Das soll niemand wieder wegnehmen.

Hingegen in Fällen von durch Einzelpersonen oder Familien unlängst oder vor langem begründeten und gestifteten Privatkaplaneien und andern Pfründen, die nicht Pfarreien sind, wollen wir den Stiftern und auch ihren Freunden nicht davor sein, dass sie mit diesen Kaplaneien und Pfründen sowie mit deren Gülten [Schuldtitel], Gütern und Widem [Verpflichtungen aus zweckbestimmten Vergabungen] nach ihrem Gutdünken verfahren. Dasselbe gilt für die von den Gesellschaften gestifteten Kaplaneien und Altäre. Was aber andere Leute an diese vergabt haben, das soll vergabt bleiben.

Weiter haben wir, was die den Klöstern und Stiften angegliederten Pfarreien betrifft, angeordnet, dass die Vögte dieser Klöster und Stifte zusammen mit den Kirchmeiern [Gutsverwaltern] dieser Pfarreien genau ermitteln, was einer jeden Pfarrpfrund Corpus [Kapital] und Widem betrage, und es uns dann zur Kenntnis bringen, damit die Pfarrer und Prädikanten bedürfnisgemäss versehen werden und ihr ehrliches Auskommen haben.

Wir wollen auch nicht gestatten, dass einzelne Patrone, sogenannte Lehnsherren der Pfarrpfründen, irgendwelche Befugnis haben, die Pfründen zu verkleinern oder das, was zu diesen Pfarrpfründen gehört, an sich zu ziehen, damit es nicht dazu kommt, dass den Pfarrern etwas mangelt oder abgeht.

8. Hinsichtlich der gewöhnlichen Bruderschaften und Jahrzeiten zu Stadt und Land haben wir beschlossen, dass die Brüder sich

zusammentun, mit jedermann eine Abrechnung erstellen und so die Rechnungen genau aufzeichnen und sie uns vorlegen sollen, vor allem einmal die Brüder hier in der Stadt Bern. Genau gleich soll man auch auf dem Land vorgehen. Und was so allgemein an sie vergabt worden ist, soll vergabt bleiben und ihnen nicht entzogen werden. Wir werden mit der Zeit mit den Brüdern zusammensitzen und in dieser Sitzung Schritte unternehmen, die zur Förderung des Gemeinwohls und zum Unterhalt der Armen recht und angemessen sind. Aber mit speziellen Bruderschaften und Jahrzeiten der Gesellschaften und Stubengemeinschaften mögen die Brüder nach ihrem Gutdünken handeln; wie auch, falls einige, die solchen gewöhnlichen Bruderschaften und Jahrzeiten etwas vergabt haben, noch am Leben sein sollten, diese das wieder behändigen oder dort belassen können.

9. Damit Ärgernisse vermieden werden können, haben wir beschlossen, dass es mit allen Messgewändern, Ausschmückungen der Kirchen, Kleidern, Kelchen und dergleichen bis auf weiteren Bescheid unsrerseits einstweilen beim Alten bleiben soll. Die Gesellschaften und Stubengemeinschaften hingegen sowie die Einzelpersonen, die besondere Altäre und Kapellen haben, können mit den von ihnen oder ihren Vorfahren gespendeten Messgewändern, Kleidern, Ausschmückungen der Kirchen, Kelchen etc. nach ihrem Gutdünken verfahren. Was aber andere Leute etwa gespendet haben, das sollen sie bestehen lassen. Wir wollen auch, dass alles, was dieser Dinge wegen zu Spannungen führen könnte, niemanden zu irgendwelchen unbesonnenen Handlungen verleite, sondern dass man in jedem Fall unsern Entscheid abwarte. Wie es ehrbaren Oberen zusteht, wollen wir in diesen Dingen beharrlich und gewissenhaft mit Gott vorgehen.

10. Da nun die Ehe der Pfaffen geraume Zeit unter Verbot gestanden hat, der Ehestand aber von Gott eingesetzt und niemandem verboten worden ist, so verbieten wir allen, die als Geistliche gelten,

bei Verlust ihrer Pfründen die Hurerei und verbinden mit diesem Verbot die Forderung, dass die in die Ehe getretenen Pfarrer oder Prädikanten zusammen mit ihren Frauen und Kindern so schicklich und ehrbar leben, wie es Hirten und Vätern des Volks geziemt, so wie es der heilige Paulus vorgeschrieben hat. Denn sollte dem einer zuwiderhandeln und eine korrekte Untersuchung die Zuwiderhandlung bestätigen, so würden wir denjenigen absetzen oder je nach Verschulden und Sachlage bestrafen. Wir wollen auch nicht dulden, dass die, die neu in die Ehe treten, bei ihren Kirchgängen üppige Fressereien oder Tanzereien veranstalten.

11. Da das Verbieten der Speisen [Fastenvorschriften] eine von Menschen aufgestellte Ordnung ist, lassen wir euch euren freien Willen, diese nicht mehr zu beachten und Fleisch und alle andern Speisen jederzeit mit Danksagung zu essen und zu geniessen. Doch geschehe dies im Sinn der Lehre des Paulus ohne Ärgernis für euren Nächsten und die Schwachen, vorab auf den Stuben und in den Wirtshäusern, wo am meisten Leute zusammenkommen. An diesen Orten sollt ihr, um Ärgernisse zu verhüten, an verbotenen Tagen Fleisch meiden. Es sollen auch die Wirte die Gäste – ob fremd oder einheimisch – an verbotenen Tagen nicht zwingen, Fleisch zu essen. Und wie wir früher die, die an verbotenen Tagen Fleisch oder Eier gegessen haben, mit zehn Pfund gebüsst haben, so wollen wir von jetzt an all jene, die sich überfressen und mehr zu sich nehmen, als ihre Natur ertragen kann, und genau gleich die, die nach neun Uhr abends beim Schlaftrunk sind, sowie die, die einander zutrinken und sich vollsaufen, sooft sie sich das zuschulden kommen lassen, mit zehn Pfund büssen, vorbehältlich auch einer schwereren Bestrafung je nach Art der einem jeden zur Last zu legenden Sache.

12. Auch haben wir für die einheimischen Mönche und Nonnen vereinbart und beschlossen, dass die, die in den Klöstern bleiben und ihr Leben dort beschliessen wollen, dies tun dürfen. Doch soll man

in die Klöster keine Jungmönche [Novizen] oder Nönnlein mehr aufnehmen und auch keine Fremden mehr eintreten lassen. Denen aber, die sich verheiraten oder sonst austreten, wollen wir ihr eingebrachtes Gut herausgeben; und sollte das nicht so weit reichen, dass die, die sich verheiratet haben, damit das Anfangskapital für einen Haushalt beisammen haben, so wollen wir ihnen je nach Sachlage und ihren persönlichen Verhältnissen, und je nach Vermögen des jeweiligen Gotteshauses, aus dessen Gütern zu Hilfe kommen. Und alle, die aus den Klöstern austreten, sollen, ob sie nun heiraten oder nicht, die Kutte ablegen und irgendeine anständige weltliche Kleidung anziehen.

13. Was die Chorherren und andern Kaplane zu Stadt und Land, an die wir Pfründen vergeben haben, betrifft, so werden wir zu gegebener Zeit, auf ihren Antrag hin, auf eine gerechte Lösung bedacht sein und mit ihnen eine Regelung treffen.

Auch wollen wir, dass alle Pfarrer in unsern Landen und Gebieten an Stelle der Messen allwöchentlich das ganze Jahr hindurch immer am Sonntag, Montag, Mittwoch und Freitag das Gotteswort verkündigen bei Verlust ihrer Pfründen. Sollten aber aus Gründen der Arbeitsüberlastung, besonders zur Sommerszeit, die Kirchgenossen nicht zur Predigt gehen können, dann soll es an ihnen sein, den Pfarrer zu einem zeitweiligen Unterbruch zu bewegen.

Schliesslich haben wir uns auch wiederholt – und so jetzt wieder – herbeigelassen und anerboten, wir würden, wenn wir wegen dieser Angelegenheiten aus Gottes Wort anders belehrt und des Irrtums überführt werden sollten, eine solche göttliche Belehrung geneigten Gemüts bereitwillig annehmen. Damit haben wir uns vorbehalten, an dieser unserer Verordnung mit Gottes Hilfe und Gnade, und unterrichtet von seinem heiligen Wort, Streichungen oder Erweiterungen vorzunehmen etc.

Beschlossen Freitag, den 7. Februar 1528.

BERNER SYNODVS

Ordnung wie sich pfarrer
vnd prediger zů Statt vnd Land Bern/in leer vnd
leben/halten söllen/mit wyterem bericht von
Christo/vnnd den Sacramenten/Be/
schlossen im Synodo da selbst
versamlet/am.ix.tag
Januarij.

AN. M. D. XXXII.

Ob wir ouch Christum nach dem fleysch kennt ha/
bend/so kennend wir jn doch der massen
nit meer.ij.Corinth.v.

Der Berner Synodus

Übersetzung: Hans-Georg vom Berg

Ordnung, wie sich die Pfarrer und Prediger in Stadt und Landschaft Bern in Lehre und Leben verhalten sollen. Mit weiterem Bericht von Christus und den Sakramenten. Beschlossen auf der Synode, ebendort versammelt am 9. Tag im Januar 1532.

«Ob wir auch Christus nach dem Fleisch gekannt haben, so kennen wir ihn doch also nicht mehr.» 2Kor 5,[16]

Wir, der Schultheiss, Kleiner und Grosser Rat, genannt die Zweihundert der Burger zu Bern, entbieten allen und jedem unserer Pfarrer und Prädikanten, die in unsern Landen und Gebieten wohnhaft sind und mit dem Dienst am Worte Gottes uns und den Unseren vorstehen, unseren geneigten Gruss und alles Gute zuvor und lassen Euch hiermit folgendes wissen:

Wir haben das Papsttum samt seinem falschen Vertrauen und Missglauben aberkannt und das heilige Evangelium für uns und unsere Untertanen in Stadt und Land vor nun bald vier Jahren nach Abhaltung einer Disputation angenommen. Mit Herz und Mund und unter feierlichen Eiden haben wir geschworen, es wie andere bürgerliche Satzungen und Landrecht in Lehre und Leben mit Gottes Hilfe zu halten. Das kann aber in rechter Übung nicht sein und bleiben, es sei denn, dass Ihr, die Diener der Gemeinden, als ein guter Brunnen gesunde, geistliche Lehre und ein rechtschaffenes, besserndes Leben dem Volk hervorbringt, das nach der Gerechtigkeit dürstet[1]. Um dies zu fördern, haben wir verschiedene Ordnungen und Satzungen Euch, die Seelsorger, betreffend unserer Reformation einverleibt und auch sonst Euren Synoden und Versammlungen vorlegen lassen. Dennoch finden wir aber viele grosse Fehler an Euch in Lehre und Leben. Dadurch wird Gottes Ehre sowie alle Rechtschaffenheit und Ehrbarkeit bei den Untertanen schwer behindert. Ihr Besitz und Wohlstand nimmt ab, und über uns und das Volk wird der Zorn Gottes gehäuft. Das heilige Evangelium wird deshalb nicht ohne Grund unseretwegen von denen gelästert, die draussen sind[2]. Dies ist so, weil sie das Siegel der Wahrheit – das heisst Zucht und herzliche Rechtschaffenheit – bei den Zuhörern, unseren Untertanen, kaum spüren. Das haben wir uns billigerweise zu Gemüte geführt und ernstlich bedacht. Wir hatten von grosser Gottesfurcht, Besserung des Lebens, Tugenden und Ehrbarkeit und allem Guten bei ihnen beiden – sowohl Euch, den Seelsorgern, als auch dem gemeinen Mann – viel mehr erhofft, als wir leider bisher gefunden haben. Dies lässt sich klar ersehen – besonders nach unseren jüngst erlebten Unruhen. Da haben wir – wüssten wir es nicht schon! – deutlich gesehen, wie viel Unrat und böse Sitten die Spaltung hervorgebracht hat, und wie wenig Christentum noch vorhanden ist. Denn alle Laster sind unter Hintansetzung unserer Gebote und Obrigkeit bei vielen unserer Untertanen deutscher und welscher Zunge mit Macht hervorgekommen. Deshalb haben wir zunächst uns selbst gegenseitig wohl ermahnt, genau geprüft und ernsthaft erforscht, welche Gesinnung doch ein jeder von uns gegenüber dem allmächtigen Gott und seinem heiligen Evangelium hat: Ob er seinen Leib, Ehr und Gut schlussendlich mehr erhalten

---

[1] Mt 5,6 | [2] Kol 4,5

will als das himmlische und ewige Leben, das uns durch Christus erworben, durch seine Diener verkündet und durch den heiligen Geist bei den Gläubigen in einem gewissen Mass ausgeteilt ist. Ungeachtet der Beschwerden dieser Zeit, durch die schwache Gewissen sehr bedrückt und angefochten sind, hat uns darauf – Gott Lob! – sein väterlicher Wille durch Christus Jesus so weit nicht fallen lassen, dass wir des genannten überschweren Kreuzes wegen in einen Unwillen und Verdruss gegenüber seinem heiligen Namen und seinen wahrhaftigen Verheissungen geraten waren. Vielmehr haben wir von neuem gemeinsam beschlossen und wiederum erklärt: Wir wollen das heilige Evangelium, so weit sich unsere Macht erstreckt und der Herr Gnade verleiht, bei uns und unseren Untertanen in Lehre und Leben erhalten. Das haben die Abgesandten all der Unseren, die kürzlich vor uns erschienen sind, von uns auch begehrt und darauf die vorausgegangene Reformation und die Mandate selbst bereitwillig bei ihnen wieder in Kraft treten lassen.

Aus diesen Gründen – zum Teil auch, um andere unerfreuliche Zustände zu beheben – haben wir eine Synode Euer aller, die unsere Pfarrer und Seelsorger sind, ausgeschrieben. Dies ist geschehen. Als ihr nun am 9. Januar dieses laufenden Jahres 32 hier nach Bern kamt und miteinander versammelt wart, habt Ihr über unser und Euer eigenes Erwarten und Hoffen auf nachfolgenden Inhalt von Wort zu Wort Euch einander treulich ermahnt und diese Ermahnung mit grosser Einmütigkeit von ganzem Herzen angenommen. Dazu hat, wie wir hoffen, der gnädige Gott Eure Gemüter innerlich bewegt und äusserlich durch einen seiner getreuen Gehilfen, sein Werkzeug, gefördert. Er selbst wolle dies sein Werk bei Euch und uns und auch bei allen Gläubigen vollführen bis an das Ende[3], Amen. Daraufhin habt Ihr, unsere Pfarrer und Seelsorger, uns, den Schultheissen, Kleinem und Grossem Rat, diese Eure Beschlüsse und Verhandlungen übergeben. Ihr habt gebeten, diese verlesen zu lassen.

---

[3] Phil 1,6

Wenn sie uns gefallen, sollten wir sie durch unsere Autorität und Macht bestätigen, soweit sie uns berühren, selbst halten, und Euch zu halten befehlen. Dies, damit Gottes Gnade und Gabe – nämlich Eure so christliche Erwägung und Ermahnung – nicht durch Nachlässigkeit dahinfalle oder in Geringschätzung gerate, wie es geschieht, wenn die in einer allgemeinen Versammlung angeordnete Verbesserung nicht durch die wohlgesinnte Obrigkeit bestätigt wird.

Diese Eure Schriften haben wir uns nach Kenntnisnahme ihres Inhalts überaus gefallen lassen, sie für göttlich und heilsam erkannt und nichts anderes gewusst, als dass eben auf diese Art und Weise Ihr, die Pfarrer und Seelsorger, Eure Lehre und Euer Leben führen solltet.

Dadurch wird, wie wir hoffen, der inwendige, himmlische und ewige Bau[4] emporwachsen und zugleich der Frevel und Mutwille des Fleisches abgestellt. Dem heiligen Geist und inwendigen Gang der Gnade aber wird freie Bahn gelassen. Ihn zu meistern, steht keiner Kreatur zu, wie Ihr das in diesem Eurem Schreiben besonders bedacht habt.

Darum haben wir diese Eure Synodalbeschlüsse gesamthaft zum Beschluss erhoben und erkannt: Sie dienen der Förderung der Ehre Gottes und dem Aufgang des heiligen Evangeliums. Wir bestätigen und bekräftigen sie also. Soweit sie uns selbst betreffen, wollen wir sie verwirklichen, und wir wollen dafür Sorge tragen, dass sie von all den Unseren in Stadt und Land gehandhabt werden. Dabei wollen wir Euch, die Pfarrer und Prediger, schützen und schirmen, damit Ihr Jesus Christus allein predigen, die Irrtümer verwerfen, Laster und Ärgernis sowohl der Oberherren als auch der Untertanen – auch unserer selbst! – ohne Scheu antasten und bekämpfen könnt nach Ordnung des Glaubens, der Liebe und der Besserung an Gott bei den anwesenden Zuhörern. Jedoch, wie Ihr selbst als christlich erkannt habt: Wir wollen Euch nicht nachsehen und ungestraft durchgehen lassen, wenn jemand von Euch nicht nach Gottes Ehre

---

[4] 2Kor 5,1

und Art des Geistes die Auferbauung lehrt, sondern zerstörende Lasterworte aus böswilligem Trotz und selbstischer Begier von sich gibt, es geschehe solches gegen Fremde oder Einheimische, Weib oder Mann, Obrigkeit oder Untertan. Aber wir wollen es in dieser Beziehung bei niemandem übertreiben. Weil aber das meiste Euch selbst und Eure Verpflichtung betrifft, ist dies unser Wille und unsere ernstliche Meinung: Ein jeder soll sie für sich selbst mit Lehre und Leben bei der Gemeinde und vor sich selbst verwirklichen. Einer soll den andern zu eben dieser Haltung freundlich ermahnen, fördern und antreiben. Dies gilt vor allem den Dekanen und denen, die in Geschicklichkeit und gutem Eifer sich hervortun. Wo sich aber jemand freventlich dagegenstellt, diese heilsamen Vorschriften verspotten, sein Amt nicht fleissig wahrnehmen, anstössig leben oder sonst der Gemeinde Gottes zum Schaden sein will durch Übertretung eines oder mehrerer Artikel dieser hier abgehaltenen Synode, derjenige soll wissen, dass es ihm nicht ungestraft durchgehen soll, soweit es uns betrifft. Vielmehr muss er einer solchen Strafe von uns gewärtig sein, dass jeder sehen kann, wie viel uns Gottes Ehre und Ungehorsam gegen sein Wort bedeutet. Schliesslich ist es unser Befehl und endgültiger Beschluss, dass diese Acta auf den folgenden Synoden, die jährlich um den 1. Mai gehalten werden sollen, fleissig verlesen, erläutert, ausgelegt und erneuert werden und ihnen an keinem Punkt Abbruch geschehen soll. Würde uns aber etwas von unseren Pfarrern oder anderen vorgebracht, das uns näher zu Christus führt und nach Vermögen des Wortes Gottes allgemeiner Freundschaft und christlicher Liebe zuträglicher ist als die jetzt aufgezeichnete Meinung, das wollen wir gern annehmen und dem heiligen Geist seinen Lauf nicht sperren[5]. Denn der ist nicht rückwärts gerichtet auf das Fleisch, sondern dringt allezeit vorwärts auf das Ebenbild Christi[6], unseres Herrn, hin. Der wolle uns alle in seiner Gnade bewahren. Gegeben zu Bern am 14. Januar 1532.

---

[5] 1 Thess 5,19 | [6] Röm 8,29

Verhandlungen der Synode oder christlichen Versammlung, die am 4. Januar angefangen und am 14. Tag danach ihr Ende genommen hat in diesem laufenden Jahr 32.

Dabei waren 230 Personen, [darunter] alle Prädikanten und Verkündiger des Wortes Gottes in Stadt und Landschaft, in Bern anwesend.

Von Auftrag und Befugnis der weltlichen Obrigkeit den Gottesdienst betreffend, samt einer Ermahnung an die löbliche Herrschaft Bern.

Es ist gewöhnlichen Pfarrern und Dienern am Worte des ewigen Gottes, gnädige, liebe Herren, nicht wohl möglich, mit äusserlichen Ordnungen etwas Fruchtbares anzufangen und aufrechtzuerhalten ohne Zutun und Förderung der weltlichen Obrigkeit. So sehr nämlich ist das menschliche Gemüt zerrissen und zu eigenem, erdichtetem Vorhaben verkehrt, sowohl bei den Priestern als auch beim gewöhnlichen Volk: Gar so wenig vom Geist und der Kraft Gottes ist erst in unseren Herzen. Nun geziemt es der Obrigkeit, die eine christliche Regierung und gottselige Herrschaft sein will, allen Fleiss daran zu wenden, dass ihre Gewalt Gottes Dienerin[7] ist, und dass sie des Evangeliums Lehre und Leben – sofern es äusserlich ist und bleibt – bei ihren Untertanen erhält. Dafür wird sie sich vor dem strengen Gericht, in dem Gott die Welt durch Jesus Christus richten und verdammen will, zu verantworten haben.

So viel aber vom Gang der Gnade, den die weltliche Obrigkeit, soweit er in äusserlichen Dingen besteht, fördern soll: Wie derselbe inwendig in die Wege geleitet und gefördert wird, das steht nicht in der Menschen Vermögen. Es steht auch keiner weltlichen Obrigkeit oder Kreatur zu, denn die geistlichen und himmlischen Dinge sind

---

[7] Röm 13,4

viel zu hoch und über alle irdische Gewalt erhaben. Darum soll sich keine Obrigkeit in die Gewissen drängen, noch von aussen etwas gebieten oder verbieten, wodurch die guten Gewissen beschwert[8] und dem heiligen Geist Schranken gesetzt[9] würden. Denn Christus Jesus, unser Herr, dem Gott alle Gewalt[10] und die Verheissung des heiligen Geistes gegeben hat, ist allein der Herr der Gewissen.

Deshalb sind denn auch Papst, Bischöfe und Pfaffen mit all ihrem Anhang Widerchristen und führen die Lehren der Teufel, denn sie unterstehen sich alle, die Gewissen zu meistern: Sie machen zur Sünde, wo Gott kein Verbot ausgesprochen hat, und was vor Gott Sünde ist, vergeben sie; sie verleihen Gnade und verdienen durch ihre selber erdichteten Werke auch für andere Leute Gnade. Auf diese Gotteslästerung sollen sich die weltlichen Herren nicht einlassen, sondern das alles fleissig verhüten und meiden. Aber deswegen sollen sie von göttlichem Regieren nicht abstehen, soweit dies äusserlich ist und der freie Lauf der Gnade durch ihre Gewalt als durch Mithelfer Gottes gefördert werden kann. Das heisst, sie sollen auf die gesunde Lehre[11] achthaben, Irrtum und Verführung abwenden, alle Gotteslästerung und öffentliche Sünde in Gottesdienst und Leben abstellen, die Wahrheit und Ehrbarkeit beschützen usw.

Nun haben, liebe gnädige Herren, Euer Gnaden mit solcher Tapferkeit das Evangelium angenommen und Euren Untertanen anbefohlen, es auch als ein Munizipal- und besonderes Stadtrecht bei Euch selbst und all den Euren in Stadt und Land zu handhaben geschworen: Also ist es wie eine andere äusserliche Satzung Eurer Herrschaft zu achten und kann auch vor der Welt mit Ehren niemals mehr von Euch im Stich gelassen werden.

Wahr ist, dass Euer Dienst und Eure Macht hinsichtlich des Evangeliums nur Heuchler machen, solche auch gemacht haben, wenn nicht Christus selber am Werk ist. Denn viele meiden die Messe als eine Gotteslästerung, die sonst mit diesem Greuel wohl

[8] Röm 14,1 | [9] 1Thess 5,19 | [10] Mt 28,18 | [11] 1Tim 1,10; 2Tim 4,3; Tit 1,9; 2,1

zufrieden waren, wenn Euer Gnaden jene nicht durch ihr Edikt und Mandat abgestellt hätten. Aber das schadet nichts. Denn Moses Dienst hatte auch nicht mehr hinsichtlich des Gesetzes Gottes vermocht, das doch ein Gesetz des Lebens ist. Er durfte ihn auch nicht unterlassen, sondern musste sein Amt ausüben und so dem Fleisch das Gesetz des Lebens zu einem toten Buchstaben[12], ja zu einem Zorn[13] und Tod selbst machen. Dies, weil Gott während des ganzen Dienstes des Mose dem Volk kein verständiges Herz, keine erleuchteten Augen, keine hörenden Ohren gegeben hat, wie dieser Dtn 29,[4] in seiner letzten Rede kurz vor seinem Tod beklagt. Und er war doch damals 40 Jahre bei ihnen gewesen! So wenig Frucht bringt vor Gott des äusserlichen Dieners Tun. Doch schadet es Euer Gnaden nicht, wie es auch werde angenommen. Denn Euer Gnaden beabsichtigten, durch ihren Dienst jedermann zur Wahrheit zu fördern und öffentliches Ärgernis abzustellen. Die Welt aber nimmt es an zur Heuchelei wie bei Mose, als er versuchte, das Volk auf Gott hin zu fördern und einen gottseligen und bessernden Wandel bei ihnen zu erhalten.

Also könnt Ihr und kann jegliche Gewalt kein gutes Gewissen vor Gott machen. Dennoch verhelfen Euer Gnaden aber durch ihren Dienst dazu, dass das reine Wort Gottes bei Euren Untertanen getrieben, die lautere Gnade angezeigt und auf den Brunnen verwiesen wird, aus dem allein die Wasser des Heils geschöpft werden[14], das ist: auf unseren Herrn Jesus Christus. Denn der ist unser einziger Mittler[15], es nehme solches an, wer da wolle. Und ob es schon bei jedermann vergeblich wäre – was doch nicht möglich ist –, so habt Ihr nichtsdestoweniger das Eure getan und Eure Seele gerettet. Schliesslich haben ja Mose und die frommen Könige von Juda [auch] viel Gutes gewirkt dadurch, dass sie das Gesetz beim gemeinen Volk in der Übung hielten. Denn im Verlesen des Gesetzes[16] und in der Predigt des Wortes, worauf die Könige hielten,

---

[12] Röm 7,6; 2Kor 3,6 | [13] Röm 4,15 | [14] Joh 4,14; Offb 21,6 | [15] 1Tim 2,5 |
[16] 2Kön 23,2

ist das Urteil Gottes wider die Böswilligen verkündet, öffentliche Gotteslästerung, Schande, Laster und Ärgernis abgestellt, das Arge gestraft und das Gute gefördert und eröffnet worden. Deshalb sind die frommen Könige durch den heiligen Geist in der Schrift hoch gerühmt worden.

Die Einrede einiger einfältiger Leute soll Euer Gnaden von diesem christlichen Vorhaben nicht abbringen. Etwa, wenn sie sagen: Das Christentum ist etwas Inwendiges. Es könne nicht mit dem Schwert regiert, sondern müsse mit Gottes Wort verwaltet werden. Euer Gnaden richte ein neues Papsttum auf, wenn Ihr Euch in Sachen des Glaubens einmischen wolltet usw. Antwort: Das wäre wohl wahr, wenn eine Herrschaft auf die Gewissen Druck ausüben und die christliche Freiheit meistern wollte, die auf einem guten Gewissen steht. Das aber ist von Euer Gnaden in der vorliegenden Angelegenheit nicht anzunehmen. Wacht Ihr doch darüber, dass die Wahrheit lauter gepredigt, zur Rechtschaffenheit ermahnt, beider, der Untertanen und Obrigkeit Laster ohne alle Furcht gestraft und äusserlich eine solche Ordnung im Gottesdienst gehalten werde, die dem heiligen Geist den Lauf nicht stört[17]. Dies geschieht dann, wenn Euer Gnaden uns, die in Stadt und Land dies Evangelium verkündigen sollen, als Euren Untertanen und Beauftragten die nachstehende Ordnung, die wir auf dieser Synode unter uns beraten haben, zur Förderung der Ehre Gottes bestätigen und zu halten befehlen und gebieten. Darum wollen wir Euer Gnaden untertänigst ersucht und um Gottes Willen gebeten haben.

Diese unsere Ordnung und unser Anliegen besteht in den folgenden Punkten.

---

[17] 1 Thess 5,19

Dass wir unserem Amt fleissig vorstehen sollen
Das 1. Kapitel

Zum ersten: Wir, die Pfarrer und Prediger, sollen mehr als andere Boten Christi[18], Diener des Geistes und Verwalter der Geheimnisse Gottes[19] sein und so genannt werden. Wie denn auch die löbliche Herrschaft der Stadt Bern und andere Obrigkeiten, soweit es die äusseren Ordnungen betrifft, Gottes Diener[20] sind und heissen. Darum ist uns dies hoch von Nöten laut unserer Gnädigen Herren aufgerichteter Satzung das Evangelium betreffend: Wir sollen auf unseren Dienst und das anbefohlene Amt, das da geistlich, innerlich und himmlisch ist, wohl achthaben und ihm mit allem Fleiss voll Ernst obliegen. Nun erfordert aber unser Amt zwei Dinge: heilsame Lehre[21] und ein besserndes, ehrbares Leben[22] uns selbst und unseres Glaubens Hausgenossen[23] und Verwandten gegenüber.

Dass die ganze Lehre Christus allein ist
Das 2. Kapitel

Mit der Lehre verhält es sich folgendermassen: Alle heilsame Lehre ist nichts anderes, als das alleinige, ewige Wort Gottes, die väterliche Güte und Herzlichkeit[24], die er uns durch Christus mitgeteilt hat. Das ist nichts anderes als Jesus Christus selbst, der um unserer Sünden willen gekreuzigt und um unserer Gerechtigkeit willen, damit wir gerechtfertigt würden, von den Toten auferweckt ist[25]. Was dieser Lehre zuwider ist, das ist unserem Heil zuwider. Was solches Verständnis und diesen Inhalt nicht mit sich bringt, kann niemals die christliche Lehre genannt werden. Denn alle christlichen Prediger sind Boten Christi[26] und Zeugen seines Leidens[27]. Sie sollen allein dessen Willen und Befehl ausrichten als von ihrem Herrn,

---

[18] 2Kor 5,20 | [19] 1Kor 4,1; 2Kor 3,6 | [20] Röm 13,4 |
[21] Vgl. oben zu Seite 8, Anm. 5 | [22] 1Tim 3,7f | [23] Gal 6,10 | [24] Eph 2,4–7 |
[25] Röm 4,25 | [26] 2Kor 5,20| [27] 1Petr 5,1

allein dazu sind sie ausgesandt und gerüstet. Ebenso ist ja auch er, der Herr Christus Jesus, vom Vater gesandt[28], seine väterliche Ehre[29] und seinen Namen[30] – und sonst nichts anderes! – den Menschen offenbar zu machen. Das hat er getreulich durch sein ganzes Leben ausgerichtet. Denn er ist ohne Unterlass in seines himmlischen Vaters Werk und Wirken gewesen[31] und hat nichts von sich selbst aus geredet[32], sondern gelehrt, wie er vom Vater gehört hat[33].

Dass Gott dem Volk allein in Christus angezeigt werden soll
Das 3. Kapitel

Wie schimpflich ist es für einen Diener Christi, seines Herrn Befehl nicht zu kennen, sich anderen, vergeblichen Geschäften[34] zu unterziehen und sich nicht ganz der Dinge anzunehmen, die seinen Herrn – das ist, unsere unvergängliche Seligkeit! – betreffen! Der Vater redet noch heutigentags zu uns durch seinen Sohn[35], der im heiligen Geist unseren Herzen einwohnt[36], durch den Gott der Herr uns mit sich selbst versöhnt[37], in dem wir die Werke Gottes und sein väterliches Herz gegen uns erkennen. In diesem Verständnis und dieser Erfahrung Christi nimmt zu und wächst auf[38] täglich der gläubige Mensch. Darin fördert ihn die tägliche Ermahnung. Dies aber geschieht nicht, wo die Prediger viel auf heidnische Art von Gott reden und diesen Gott nicht anzeigen im Angesicht Christi[39], der seiner Herrlichkeit Abglanz und wesentlichen Wahrheit Ebenbild[40] und Wortzeichen ist. Unterlassen es die Prediger, die Gnade Gottes in Christus anzuzeigen, so wird ihr Volk nur ärger und ungläubiger und zuletzt ohne Gott in der Welt[41], wie die Heiden gewesen sind. Die haben ebenfalls viel Geschwätz von einem

---

[28] Joh 5,36 | [29] Joh 14,13 | [30] Joh 17,6 | [31] Lk 2,49 | [32] Joh 12,49 |
[33] Joh 8,26.28; 15,15 | [34] Eph 5,6 | [35] Hebr 1,2 | [36] 1Kor 6,19; Eph 3,17 |
[37] Röm 5,10; 2Kor 5,18; Kol 1,20.22 | [38] Kol 1,11; 2Petr 3,18 | [39] 2Kor 4,6 |
[40] 2Kor 4,4; Kol 1,15; Hebr 1,3| [41] Eph 2,12

natürlichen Gott gehört und geredet, aber nichts vernommen von ihrem gnädigen Vater im Himmel. Darum haben sie den bekannten Gott nicht als Gott verehrt[42], bis ihnen Christus verkündet und von ihnen geglaubt wurde, wie Paulus an die Epheser schreibt im 2. Kapitel [12]: «Ihr wart», spricht er, «zur selben Zeit ohne Christus usw. Daher hattet ihr keine Hoffnung und wart ohne Gott in der Welt».

Dass Christus das rechte Fundament ist
Das 4. Kapitel

Also ist Christus, unser Herr, der Grund und das Fundament[43] des geistlichen Gebäudes[44]. Ausserhalb seiner ist kein Heil zu erhoffen[45]. In Christus aber ist kein Schaden noch Verdammnis zu fürchten[46]. Er ist der Eckstein[47], der Fels[48], der Eingang[49], das Leben und die Wahrheit[50]. Diesen Jesus Christus haben die Apostel und ihre Jünger, deren Nachfolger die Pfarrer sein sollen, allein gepredigt[51]. Seinetwegen verachtet Paulus diese Gerechtigkeit, die er aus dem Gesetz hat, und wollte sie nicht haben, Phil 3,[9]. Samt allen Aposteln hat er allein Christus für seine Grundfeste gehalten. Dafür geben wir im Weiteren die folgenden Beispiele, obwohl ja die ganze Schrift dem dient: «Ich habe durch die Gnade Gottes, die mir gegeben ist, den Grund gelegt usw. Einen anderen Grund kann doch niemand legen ausser dem, der gelegt ist, welcher ist Jesus Christus», 1Kor 3,[10f]. «Ihr seid Bürger mit den Heiligen und Hausgenossen Gottes, erbaut auf den Grund der Apostel und Propheten, da Jesus Christus der Eckstein ist», Eph 2,[19f]. «Wenn ihr anders geschmeckt habt, dass der Herr freundlich ist, zu welchem ihr gekommen seid als zu dem lebendigen Stein», 1Petr 2,[3f]. «Dieser Jesus ist der

---

[42] Röm 1,21 | [43] 1Kor 3,11 | [44] 1Petr 2,5 | [45] Apg 4,12 | [46] Röm 8,1 |
[47] Mk 12,10 par; Apg 4,11; Eph 2,20; 1Petr 2,7 | [48] 1Kor 10,4 | [49] Joh 10,9 |
[50] Joh 14,6; Kol 3,4 | [51] 1Kor 1,23; 2,2

auserwählte köstliche Eckstein.» Davon ist Jes 28,[16] und in Ps 118,[22 geschrieben].

Dass ohne alle Mittel der gnadenreiche Gott allein durch Christus erkannt wird
Das 5. Kapitel

Aber was bedarf es vieler Worte? «Alle Schätze der Weisheit und Erkenntnis liegen verborgen in Christus», Kol 2,[3]. Warum sollte ein christlicher Prediger aus anderen Historien oder den abwegigen Büchern Weisheit suchen, ohne diesen Reichtum und die Schatzkammer Gottes vor Augen zu stellen: Jesus Christus, unseren *Herrn,* in dem alle Dinge zusammengefasst sind[52]?

Man will etwa ohne Christus viel reden von dem allmächtigen Gott. Aber das ist unfruchtbar, denn Gott erzeigt sich stets in Werken[53] und hat sich in den Eigenschaften und Wortzeichen einiger Dinge deutlich kundgetan: So im Paradies durch den Baum des Lebens[54] nach dem Fall Adams durch der Frau Nachkommen[55], dem Abraham durch das Werk der Herausführung aus Ur in Chaldäa[56], seinem Knecht und seinem Nachkommen als der Herr und Gott Abrahams[57], danach durch das Volk Israel als Gott Abrahams, Gott Isaaks und Jakobs Gott[58]. In der Wüste und im gelobten Land erzeig-te er sich als der Gott, der uns aus dem Lande Ägypten, aus dem Diensthaus geführt hat, der mit uns den Bund auf dem Berg Horeb geschlossen hat[59]. Es wurden auch dieser Bundesschlüsse wegen die Bundeslade[60], der Tempel und die Stadt Jerusalem «Gott der Herr» genannt, denn unter diesen Wortzeichen wurde Gott erkannt. So ist Gott stets durch einige Werke der Gnade und bestimmte Taten oder Zeichen – allerdings verdunkelt! – kundgeworden, wie ihn bis auf diesen Tag die wahren Christen im Herrn

---

[52] Eph 1,10 | [53] Röm 1,20 | [54] Gen 3.22.24 | [55] Gen 3,15 | [56] Gen 11,31; 12,1ff |
[57] Gen 26,24 | [58] Ex 3,6 | [59] Dtn 5,2.6 | [60] Num 10,35f

Jesus Christus klar und gewiss unfehlbar erkennen. Darum soll und muss durch die Verkündiger Christi die Erleuchtung von der Erkenntnis der Klarheit Gottes in dem Angesicht Jesu Christi in Bewegung gebracht werden und nicht ausserhalb oder ohne Christus, 2Kor 3 [2Kor 4,6]. Denn eine solche Erkenntnis Gottes, die nicht Christus gebaut hat, fällt ab. Sie zerfliesst unter den Händen, wie Cicero von Simonides[61] darlegt. Der kam durch fleissige Betrachtung und Erforschung, was Gott wäre, zuletzt dahin, dass er weniger von Gott wusste, als da er mit solchen Gedanken anfing. Den Juden fehlt es auch noch heutzutage an Gotteserkenntnis bei ihrem toten Buchstaben[62] und bei der Bundeslade. Denn die Lade ist nicht mehr. Es gibt jetzt ein neues Symbol und Wortzeichen Gottes: Gott selbst, der mit sich in Jesus Christus die Welt versöhnt [hat][63]. Vorher wurde der Deckel der Lade der Gnadenstuhl[64] genannt. Jetzt ist Christus selbst der wahre Gnadenstuhl[65], von dem her wir Gottes gnadenreiche Stimme hören, mit dem wir versichert werden und durch den wir einen sicheren Zugang[66] haben zum Vater[67]. Wie das Jeremia [3,16f] bezeugt: «Sie werden nicht mehr sagen: Die Lade des Bundes des Herrn! Es wird solche Rede nicht in ihr Herz kommen, sie werden deren nicht mehr gedenken. Aber Jerusalem wird der Stuhl Gottes genannt.» Eben da redet der Prophet vom Reich Christi und von dem himmlischen Jerusalem[68], das da frei ist[69], und wo Gott in der Auserwählten Herzen einwohnt[70]. Daraus folgt, dass allein durch das Haupt und die Glieder – das ist in Christus und in seinen Gläubigen[71] – Gott der Vater in dieser Zeit der Gnade in Wahrheit verstanden wird. In ihm ist die Gnade auch zu den Heiden gekommen[72]. Sie sind durch ihn der Gnade teilhaftig geworden ohne das Gesetz durch sein göttliches Blut[73] und Einwirkung des heiligen Geistes.

[61] De Natura Deorum I,60 | [62] Röm 7,6; 2Kor 3,6 | [63] 2Kor 5,19 | [64] Ex 25,17 | [65] Röm 3,25; Hebr 4,16 | [66] Röm 5,2; Eph 3,12 | [67] Eph 2,18 | [68] Hebr 12,22 | [69] Gal 4,26 | [70] Apk 21,2f | [71] Eph 5,30; Kol 1,18 | [72] Apg 10,45; 11,15 | [73] Eph 2,13

Die christliche Predigt ist gänzlich von und aus Christus
Das 6. Kapitel

Gott hat also allezeit an gültige Werke und Zeichen sich und seine Erkenntnis sozusagen gebunden und solche Figuren, Schatten und Vorbilder[74] auf Christus Jesus alle gedeutet. Der ist in diesen letzten Tagen erschienen[75], hat seinen Lauf im Fleisch vollbracht, ist gen Himmel gefahren und offenbart sich täglich den Gläubigen im heiligen Geist. Nun gibt es nur ein einziges, [hinter allen Figuren] immer gleichbleibendes Geheimnis des Vaters und Christi. Auch kann den Vater niemand erkennen, ausser durch den Sohn[76]. Darum ist es hoch vonnöten, dass alle Diener Gottes und Verkündiger des Reiches Christi den alleinigen Herrn, Christus Jesus, fleissig predigen. Denn dessen Erkenntnis übertrifft alles[77]. Deshalb sollen wir einander treulich ermahnen, dass wir Diener Christi einzig und allein diesen unseren Herrn predigen, auf dem der ganze Ratschluss Gottes ruht[78]. Dies, damit wir nicht als Gesetzesprediger oder sonstige weltliche Prediger erfunden werden, die da unsere eigenen Vernunftgedanken lehren[79] und als falsche Diener vom Herrn verworfen werden[80].

Dass christliche Lehre und christliches Leben mit Tod und Auferstehung Christi anzufangen und auszuführen sind
Das 7. Kapitel

Es ist auch nicht genug, dass die Pfarrer diese Worte «Jesus Christus ist unser Heiland» und dergleichen oft in den Mund nehmen und dem Volk einreden. Denn das Evangelium vom Reich steht nicht in leerer Stimme und blossen Worten, sondern in wahrer Kraft

---

[74] Kol 2,17; Hebr 10,1 | [75] Hebr 1,2 | [76] Mt 11,27 par | [77] Eph 3,19 |
[78] Eph 1,11 | [79] 1Kor 2,4; 2Kor 4,5 | [80] 1Kor 1,19

Gottes[81], die der Gläubigen Herzen erfasst, verändert, erneuert und aus armen Sündern Kinder Gottes und rechte himmlische Menschen macht, die nicht nach Blut und Fleisch, sondern nach Gott gesinnt und geartet sind[82].

Um aber diese Gaben und Gnade erlangen zu können, soll und muss der Anfang mit dem Tod und der Auferstehung Christi gemacht und so in seinem Namen die Busse und Vergebung der Sünden verkündigt werden[83]. Das ist aller christlichen Predigt Inhalt. So zu predigen hat der Herr selbst seinen Jüngern befohlen. So haben es die Apostel gehalten, die Auserwählten im Glauben angenommen. Und so hat es der heilige Geist bestätigt, wie die ganze Welt nicht bestreiten kann. Dazu ist folgender Spruch zu bedenken: «Da öffnete er ihnen das Verständnis, dass sie die Schrift verstanden, und sprach zu ihnen: So steht es geschrieben und so muss[te] Christus leiden und auferstehen von den Toten am dritten Tag und predigen lassen in seinem Namen Busse und Vergebung der Sünden unter allen Völkern», Lukas 24,[45–47].

Hier sehen wir, dass nach der Auferstehung die Predigt der Busse und Vergebung der Sünden erst anfängt. Denn im Namen dessen, der gelitten hat, gestorben und auferstanden ist, sollen Busse und Vergebung der Sünden gepredigt werden. Darauf ist also aller Predigten Inhalt auszurichten, damit von dort her fortan Irrtum beseitigt, die Sitten gebessert und das Gute gefördert werde. Hierzu gehört, dass nach der Auferstehung unser Herr seine Jünger ausgesandt hat zu predigen.

Dabei ist zu merken, dass unter der Auferstehung der ganze Lauf Christi zu verstehen ist, nämlich die Auffahrt gen Himmel und Austeilung des heiligen Geistes samt dem folgenden Werk im Gewissen der Gläubigen.

Hier sind auch die Predigten des Petrus in der Apostelgeschichte zu erforschen, die sich an die eben aufgezeigte Ordnung der Ver-

---

[81] 1Kor 4,20 | [82] Röm 8,5 | [83] Lk 24,47

kündigung des Heils durch Christus halten (Apg 2; 4; 5; 11; 17; 20).
Denn überall zeigen sie den Tod Christi und die Auferstehung an.
Dadurch treiben sie zur Busse und Vergebung der Sünde, welches die
Summe unseres Evangeliums ist. Diese Predigten der Apostel sollen
fleissig betrachtet werden, damit wir anfangen, wo sie angefangen
haben, und zu gleichem Fortschreiten und Wachsen in Christus
kommen mögen.

Dazu wird gesagt: Wenn man mit Tod und Auferstehung Christi
anfangen soll, wozu dienen dann die Evangelisten, die seine Geburt
und sein Leben beschreiben? Antwort:

Die Geburt und das ganze Leben Christi sind eine Vorbereitung
auf seinen Tod. Somit sind seine Entsendung aus dem Himmel und
sein gegenwärtiges Leben und Lehren überall und stets auf unser
Heil gerichtet. Weil er vom Vater gesandt wurde und in die Welt
gekommen ist, die Sünder selig zu machen[84], ist er gewiss immerzu
seinem Befehl getreulich nachgekommen und hat darauf alle seine
Worte und Werke ausgerichtet. Sonst wäre er seinem Vater ungehorsam gewesen – ein unmöglicher Gedanke. Darum sucht der Geist
in uns in all seinem Lehren nichts anderes als das Wort von seinem
Kreuz und seiner Herrlichkeit. Genauso sieht er die Werke und
Wunderzeichen Christi an und versteht darin den inwendigen Lauf
der Gnade und das geistliche Wirken Christi im Herzen. Denn aus
blinden und tauben Sündern macht er sehende und solche, die auf
die lebendige Stimme des Vaters hören; aus den Lahmen aufrechte
Helden[85], die «den Weg Gottes laufen unverletzt». Er nimmt den
Aussatz der Sünde durch seine heilsame Gnade hinweg, den toten
Sünder erquickt[86] er durch den Geist der Auferstehung. So hört
der Glaube von äusserlichen Wunderzeichen Christi; er verwundert
sich aber bei sich selbst viel mehr über die inwendigen und geistlichen Werke, die dieser täglich im heiligen Geist wirkt, und die
alle Vernunft übertreffen[87]. Die Geburt Christi, durch den heiligen

---

[84] 1Tim 1,15 | [85] Jes 35,5f | [86] Eph 2,5f | [87] Phil 4,7

Geist geschehen[88], zeigt an, dass wir Kinder Gottes werden[89], wenn wir über die Geburt aus Fleisch und Blut hinaus auch zu neuen und himmlischen Menschen gemacht werden von demselben heiligen Geist, den uns Christus verleiht. Darum beschreiben die Evangelisten die Geburt und das Leben Christi, weil es ganz zu unserer Erlösung dient und das Absterben nach dem Fleisch und die Auferstehung nach dem Geist in Christus[90] darin gezeigt und vor Augen gestellt wird.

Wie unsere Sünde aus Christus verstanden werden soll
Das 8. Kapitel

Der Apostel schreibt, dass Gott seine Liebe gegen uns preist, weil Christus für uns gestorben ist, als wir noch Sünder und Feinde Gottes waren, Röm 5,[8]. Daraus folgt, dass uns die Sünde widerwärtig und verhasst wird. Hat doch der Sohn Gottes für uns sterben müssen, um solche Sündenlast von uns zu nehmen. Er ist «einmal im heiligen Geist für uns geopfert[91] und hat uns die ewige Erlösung gefunden».

Aus dem wird ersichtlich, wie viel Schaden und Fluch in unserem Herzen liegen, die nur durch ein so kostbares Sündopfer und die Besprechung mit Gottes Blut[92] haben gereinigt[93] und geheiligt werden können. Sonst gab es keine andere Hilfe.

Gott ist des Menschen Schöpfer. Seinem Gott sollte er ganz ergeben sein. Das liegt jedoch nicht in seiner Natur, denn er sieht auf die Kreaturen, auf sich und auf sein eigenes Wohlgefallen. Er macht sich zum Abgott, dem er selber göttliche Ehre zumisst[94] und diese im Grunde auch haben will. Daher kommt es, dass niemand verachtet sein will.

---

[88] Mt 1,20 | [89] Joh 1,12f | [90] Röm 6,3ff | [91] Hebr 7,27; 9,12.14.28; 10,10 |
[92] Hebr 12,24; 1Petr 1,2 | [93] Hebr 9,14; 1Joh 1,7 | [94] Röm 1,25

In Christus ist ohne Gesetz Erkenntnis der Sünde zu suchen
Das 9. Kapitel

Im Tode Christi haben die Apostel sehr schnell unsere verdammte Natur erkennen gelernt, während die Juden im Gesetz des Mose ihre Sünde mit grosser Arbeit und nur schwer erkannt haben[95]. Darum haben jene den Heiden ihre Sünde und die Versöhnung einfach durch Christus ohne das Gesetz[96] angezeigt und keinen zurückverwiesen auf den Mose. Lernt man nämlich durch das Gesetz Sünde erkennen, so ist es nichts als ein totes und kaltes Ding und hat kein Leben. Welche Arbeit haben sie mit den Juden gehabt, sie von Mose abzubringen und Christus ganz zuzuführen! Warum wollten wir dann unser Volk von Christus weg auf die Dienstbarkeit des Gesetzes verweisen?

Warum Paulus mit den Heiden so ausführlich das Gesetz behandelt hat
Das 10. Kapitel

Wo aber die falschen Apostel[97] eingedrungen sind und neben Christus das Gesetz als notwendig gelehrt haben[98], da ist der wahre Apostel gezwungen anzuzeigen, wozu und inwiefern Mose mit seinem Dienst nützlich ist. Das brauchte er bei den Heiden nicht. Die nämlich glaubten und erhofften einfach von Christus Vergebung der Sünden, hingen ihm an, folgten ihm nach und sahen auf ihn in allem Vorhaben. Denn wer an Christus glaubt, der hat das ewige Leben[99]. Darum hat der gläubige Heide keinen gesetzlichen Schulmeister[100] nötig. Er hat die Freiheit der Kinder [Gottes][101] schon erlangt.

---

[95] Röm 3,20 | [96] Röm 10,4 | [97] 2Kor 11,13 | [98] Gal 1,7 | [99] Joh 3,16; 5,24 | [100] Gal 3,24f | [101] Röm 8,21; Gal 5,1.13

Dass die Juden unter dem Gesetz wie die Heiden ohne Gesetz zum Glauben gekommen sind
Das 11. Kapitel

Doch hat die aus den Juden gesammelte Kirche das Gesetz aus christlicher Freiheit mit Christus voller Eifer gehalten – unbeschadet des Vertrauens auf Christus. Dazu ermahnt sie ja Maleachi im Namen Gottes, wie er das Reich Christi beschreibt und alle Propheten beschliesst und besiegelt: «Gedenkt», spricht er [Mal 3,22], «des Gesetzes Moses, meines Knechtes! Welches ich ihm geboten habe auf dem Berg Horeb über ganz Israel: der Satzungen und des Gerichts.» Warum und wie lange befiehlt Gott durch Maleachi, des Gesetzes eingedenk zu sein? Darum und so lang, bis sie des Gesetzes Unvermögen und seinen wahren Gebrauch erkennen. Das heisst, dass sie dadurch ein inbrünstiges Verlangen nach der Ankunft des Tages des Herrn[102] gewinnen, bis der Bussprediger Elija kommt[103] und den Weg des Herrn bei dem erschrockenen Sünder bereitet[104]. Dann ist das Amt des Mose beendet. Dennoch wird es ohne Gebote freiwillig gehalten von denen, die daran gewöhnt sind. Mit der äusserlichen Übung des Gesetzes frischen sie ihren Glauben und die innerlichen, himmlischen Schätze auf: Sie stellen sie sich selbst bildhaft vor Augen. So hat es die Apostelgemeinde zu Jerusalem und sonst keine andere weit und breit getan. Darum lehrt Sankt Paulus keine Abwendung vom Gesetz, sondern lässt sich nach dem Gesetz zu Jerusalem mit Rücksicht auf die anderen Apostel reinigen; man sollte sehen, dass er das Gesetz für gut und recht hält[105] und nicht als böse verwirft. Dagegen wollte die Apostelgemeinde zu Jerusalem die gläubigen Heiden auch nicht an das Gesetz binden, um das sie bei sich selbst so sehr eiferte, Apg 21,[20ff].

---

[102] Mal 3,2 | [103] Mal 3,23 (bzw. 4,5) | [104] Jes 40,3 | [105] Röm 7,12

Ist es doch für die Gläubigen aus den Juden nützlich, die von ihm rechten Gebrauch machen, weil sie seiner schon von alt her gewohnt sind: Sie erinnerten sich in Ausübung des Gesetzes ihres Herrn Jesus Christus, seiner Gaben und Gnade und ihrer eigenen Sünden. Den unerfahrenen Heiden aber brachte es ein falsches Vertrauen in die Werke, wenn es vor oder nach Christus gelehrt wurde, als ob nicht alles in Christus bestünde! Diese Werke des Gesetzes erkannten die gläubigen Juden aus der Erfahrung wohl als ihnen nützlich wegen ihrer Figürlichkeit und Bedeutung. Sie hatten nicht zu befürchten, dass sie die verliehene Gnade verlieren und wieder zu den schwachen Elementen[106] dieser Welt zurückkehren würden, solange sie in der erlangten Gnade bestünden.

Der Unterschied zwischen dem Prediger Christi unter den Heiden und dem, der unter den Juden predigt
Das 12. Kapitel

Es besteht also ein Unterschied zwischen dem Apostelamt bei den Heiden, das Paulus anbefohlen war, und dem anderen Apostelamt bei den Juden, das der heilige Petrus versah[107]. Dieses Apostelamt eifert über dem Gesetz ohne Schaden, Apg 21,[20]. Jenes setzt sich nicht für das Gesetz ein und hat gar nichts mit Mose zu schaffen, es sei denn zufälligerweise, sofern er von ihrem lieben Heiland zeugt und «nütze ist zur Lehre, zur Strafe, zur Besserung usw.» [2Tim 3,16]. Wir aber, die wir von Heiden herkommen und mit Heiden, nicht mit Juden zu tun haben, wir sollen ohne Gesetz in Christus die Gnade verkünden, wie [es] Sankt Paulus [zu tun] pflegt. [Wir sollen] nicht mit der Kirche des Petrus, wie sie in Jerusalem versammelt war, dem Gesetz so sehr nachfragen[108]. Denn Christus ist unser Genügen. Was wollen wir mehr? Joh 1,[16f] .

---

106 Gal 4,9| 107 Gal 2,7 | 108 Gal 2,14ff

Woher die falschen Apostel gekommen sind
Das 13. Kapitel

Das kam so: Die falschen Apostel[109] nahmen die Gemeinde von Jerusalem, die über dem Gesetz so sehr eiferte, zum Vorwand. Sie rühmten sich vor den Heiden wahrheitswidrig eines Auftrages, den sie von ihr hätten. Sie unterstanden sich, die Gläubigen aus den Heiden zurück von Christus auf Mose zu weisen[110]. Dies aber tat die Kirche in Jerusalem nicht; und Paulus gestattet diesen falschen Aposteln nicht, das zu tun. Vielmehr ermahnt er die gläubigen Heiden, fest bei dem reinen Glauben zu bleiben[111]. Dazu musste er Übung, Gebrauch und Kraft des Gesetzes und Dienstes des Mose darstellen. Dies aber nicht, weil er sie, die Gläubigen, hauptsächlich dadurch zu weiterer Erkenntnis der Sünde führen wollte. Von dieser waren sie zuvor gerecht gemacht: Denn was an Sünde übrig ist, wird viel klarer aus Christus verstanden! Vielmehr hat er diese Diskussion über das Gesetz geführt, um sie vor dem Vertrauen ins Gesetz als einem schädlichen Ding zu bewahren. Er wollte sie in Christus befestigen, der ohne Gesetz des Buchstabens[112] den Geist des Gesetzes des Lebens gibt. Dieses besteht in Ewigkeit.

Deshalb wollen wir, die Pfarrer, diejenige Art zu predigen uns vornehmen, derer sich die Apostel gegenüber den Heiden bedient haben. Sie haben ohne Gesetz in Christus die Sünde angezeigt, Gnade und Verzeihung derselben aus ihm und durch ihn verkündet. Und wenn schon eine Schrift, die wider falsche Apostel und Gesetzeslehrer ist, vor unserer Gemeinde zu behandeln wäre, so soll diese recht erläutert werden: Es soll daneben die Einfalt Christi ohne Gesetz herangezogen werden. Das dient dem wahren Bau Gottes[113] und kommt vielem Irrtum zuvor, den sonst einfältige Leute gar bald aus dem Buchstaben herauslesen und dann ohne Verstand ins Feld führen wollen.

---

[109] 2Kor 11,13 | [110] Apg 15 | [111] Kol 1,23 | [112] Röm 7,6; 2Kor 3,6 | [113] 1Kor 3,9

Busse und Vergebung der Sünde. Oder:
Der Gang der Gnade
Das 14. Kapitel

Nachdem aus dem Leiden und Eingang Christi in seines Vaters
Geheimnis[114] Erkenntnis der Sünde entstanden ist, schliesst sich
folgerichtig nun die rechtschaffene Busse an[115], das ist: wahrhaf-
tiges, herzliches Leid und Missfallen an der Sünde und deren
Vergebung. Denn ihretwegen wurde der Sohn Gottes von seinem
himmlischen Vater in die Welt gesandt zu leiden und zu sterben,
damit er durch seinen Tod uns zum Leben[116] und zur Anteilhabe
an den himmlischen Gütern bringe[117].

Wo der Vater so seinen Sohn offenbart und ihn den Gewissen vorhält, da folgen fester Glaube und herzliches Vertrauen auf
solche unbegreifliche Gnade Gottes[118]. Dieser Glaube macht gerecht. «Denn wer an mich glaubt», spricht der Herr[119], «hat das
ewige Leben. Er ist vom Tode durchgedrungen» [Joh 5,24] und
«im Himmel angeschrieben [Hebr 12,23], in den nichts Beflecktes
und Unsauberes einzugehen vermag[120].

Dies ist der Gang Christi und die Ankunft der Gnade durch
seinen Geist: Jedermann lerne, aus dem Tod, der Auferstehung
und der Auffahrt Christi von seiner erkannten Sünde und ver-
dammten Natur der Gabe Gottes in Christus sich zuzuwenden
und sich endgültig auf sie zu verlassen. Von dieser Gelassenheit
wird die Gnade empfangen, durch die uns alle vergangene Sünde
vergeben ist und nicht mehr zur Strafe angerechnet wird.

Dabei ist auch hier der Geist Christi mit tätig: Er offenbart
die heimliche Sünde und den verborgenen Fluch der Herzen[121] und
bringt sie je länger je mehr an das Licht. Diese verzehrt er täglich,
läutert täglich das Herz wie ein Feuer das Silber und reinigt von dem
Abschaum und Unflat der Sünde. Zwei Werke nämlich vollbringt

---

[114] Lk 24,26 | [115] Mt 3,8 | [116] Joh 10,11 | [117] Eph 1,3 | [118] 2Kor 9,15 |
[119] Joh 6,47 | [120] Eph 5,5 | [121] 1Kor 4,5

der heilige Geist bei uns. Das erste: Durch seine Gnade macht er gerecht und zu neuen Menschen[122]. Das zweite: Er hilft, dass wir Erben werden gemäss der Hoffnung des ewigen Lebens[123]. Das geschieht, wenn wir im Kampf des Glaubens[124] bestehen, am Fleisch täglich absterben, auch geistlich und himmlisch gesinnt werden. Hinsichtlich der Busse und Vergebung der Sünde in Christus sind dieser und ähnliche Sprüche der Schrift zu bedenken: «Lasst uns zur Vollkommenheit weiterschreiten und nicht abermals den Grund legen der Busse über den toten Werken und des Glaubens an Gott», Hebr 6,[1].

Die in Christus gefundene Busse ist die Grundlage
Das 15. Kapitel

Die Busse ist die Grundlage, aber wie gesagt: Sie soll in Christus gesucht werden. Darum lautet Christi Predigt: «Tut Busse, das Reich der Himmel ist nahe zugegen» [Mt 4,17]. Das heisst: Ursache der Busse soll das Verlangen nach dem Himmelreich sein, das [uns] durch Christus angeboten ist zu empfangen und anzunehmen. Das geschieht, wenn uns der heilige Geist mit Christi Blut besprengt, reinigt und heiligt. Zur Busse ermahnt Johannes das Volk, das begehrt, dem hereinbrechenden Zorn Gottes zu entrinnen[125] und vom Verderben errettet zu werden. Seinem Vorbild sollen wir folgen, wie ihm die Apostel insbesondere gefolgt sind. Das zeigen die folgenden Texte:

Nachdem Petrus in seiner Predigt dargelegt hat, dass Gott Christus vom Tod auferweckt hat, spricht er: «Nun, da er durch die Rechte Gottes erhöht ist und empfangen hat die Verheissung des heiligen Geistes vom Vater, hat er ausgegossen dies, was ihr seht und hört usw.[126] So wisse nun das ganze Haus Israel gewiss, dass Gott diesen Jesus, den ihr gekreuzigt habt, zu einem Herrn und Chris-

---

[122] Eph 4,23f | [123] Tit 3,7 | [124] 1Tim 6,12 | [125] Mt 3,7–9 | [126] Apg 2,33

tus gemacht hat.» Und als sie sagten: «Was sollen wir nun tun?», antwortete Petrus: «Tut Busse, und lasse sich ein jeglicher taufen auf den Namen Jesu Christi zur Vergebung der Sünden, so werdet ihr empfangen die Gabe des heiligen Geistes», Apg 2,[36–38].

«Der Gott unserer Vater hat Jesus auferweckt, den ihr erwürgt habt und an das Holz gehängt. Den hat Gottes rechte Hand erhöht zu einem Herzog und Heiland, zu geben Israel Busse und Ablass der Sünde. Wir sind Zeugen für diese Worte und der heilige Geist usw.», Apg 5,[30–32].

Das ist eine kurze und vollkommene Predigt; sie umschliesst das ganze Wirken Gottes, das durch Christus vollendet [ist].

Das Geheimnis, das «von der Welt her verborgen» ist: Christus wird ohne das Gesetz den Heiden gepredigt
Dazu andere Schriftstellen von der Busse
Das 16. Kapitel

«Sie sprachen: So hat Gott auch den Heiden Busse gegeben zum Leben», Apg 11,[18]. Hierin ist der herrliche Reichtum des Geheimnisses, das ist Christi, unter den Heiden ausgesprochen, das «von der Welt und allen Zeiten her verborgen»[127] war. Wer nun das Amt hat, unter den Heiden zu predigen, und [trotzdem] durchs Gesetz Sünde überwinden und Busse erwecken will, der verdunkelt das vornehmste Geheimnis und die Herrlichkeit Christi: Nämlich, dass der heilige Geist durch Christus auf die Juden unter dem Gesetz und die Heiden ohne Gesetz zugleich fällt[128]. Dies ist sehr wohl zu merken!

Paulus – bei den Thessalonichern – «redete mit den Juden drei Tage von der Schrift, tat sie ihnen auf und legte es ihnen dar, dass Christus leiden und auferstehen musste von den Toten. Den ich euch verkündige, sprach er, der ist der Christus», Apg 17,[3].

---

[127] Eph 3,8f; Kol 1,26f | [128] Apg 15,8f

Ebenso zu Athen: «Und zwar hat Gott die Zeit der Unwissenheit übersehen. Jetzt gebietet er allen Menschen an allen Enden, Busse zu tun, darum dass er einen Tag gesetzt hat, an dem er richten will den Erdkreis mit Gerechtigkeit durch einen Mann, in dem er es beschlossen hat und jedermann vorhält den Glauben, nachdem er ihn hat von den Toten auferweckt» [Apg 17,30f].

«Ich habe bezeugt beiden, den Juden und den Griechen, die Busse zu Gott und den Glauben an den Herrn Jesus Christus», Apg 20,[21].

Dass die christliche Busse auch aus den Propheten gelernt werden kann
Das 17. Kapitel

Wenn nun schon Sprüche aus dem Alten Testament über die Busse zu behandeln sind, so sind diese jetzt also – wie gezeigt – nicht anders zu behandeln, als von Christus her. Auf den weisen alle Propheten, wie dieser Spruch des Jeremia [18,8]: «Wenn dieses Volk, wider das ich geredet habe, vom Übel absteht und Busse tut usw.»

Solches ist mit christlichen Ohren zu hören, und es ist zu bedenken, wie diese Busse allein bei Christus recht gesucht, gefunden und erlangt wird. Denn niemand darf sich einen Eifer zur Besserung aus sich selbst ohne Einwirkung Christi ausdenken und sich einreden, er sei dennoch nahe bei Gott.

Dass man in der Erkenntnis Christi immerfort zunehmen und ein jeder seinen eigenen Glauben erforschen soll
Das 18. Kapitel

Diese Lehre soll bei den Kirchen und den gläubigen Leuten täglich mehr zunehmen. Sie sollen sich ihrer Berufung stets gewisser machen[129] durch emsiges Erforschen und Wachstum im eigenen Glauben. Denn wer in der Erkenntnis und Empfindung Christi nicht zunimmt, der nimmt ab und geht wieder zurück oder ist wohl nie recht auf dem Weg gewesen. Dazu dienen die Paränesen und Ermahnungen des Paulus. In denen sollen sich die Pfarrer fleissig üben.

Im Übrigen fällt die Erwählung und Gnade Gottes nicht dahin. An der ist alles gelegen. Doch soll das Volk gelehrt werden, bei sich selbst zu prüfen und zu erfahren, ob diese Erwählung und der gnädige Wille Gottes durch Christus bei ihnen angelegt und zur Wirkung gekommen ist oder nicht. Das heisst: Jedermann soll wissen, was er von Christus wirklich empfangen hat, und was ihm fehlt an Verständnis und Erkenntnis Christi. Dies ist nichts anderes als die Erneuerung des Herzens – der inwendige, geistliche, himmlische Mensch, der ohne Sünde ist, soweit er aus Gott geboren ist[130] und nicht an Blut und Fleisch hängt. Denn der Glaube ist eine bewusste Versicherung[131] des Herzens. Hier gibt es kein Überreden, wie es in menschlichen Angelegenheiten geschieht.

So viel über die Lehre Christi, die mit seinem Tode und seiner Auferstehung anfängt. Im Tod Christi lernt man Erkenntnis der Sünde und wahre Busse – Vergebung derselben in der Erhöhung, wenn durch den Glauben und die Gabe Gottes Christus im Geist die erwählten Herzen mit göttlichem Samen schwanger macht und aus dem unvergänglichen Samen[132] zum Himmelreich himmlische Menschen gebiert: [Menschen], die von Herzen anfangen, die Sünde zu lassen, Gerechtigkeit und Rechtschaffenheit zu üben mit der Erfahrung der Liebe Gottes im Glauben. Diese Lehre sollte in allen Predigten ernsthaft ausgeführt werden.

So viel vom Artikel über die rechte Lehre. Doch wollen wir noch etwas über die Sakramente sagen.

---

[129] 2Petr 1,10 | [130] 1Joh 3,9 | [131] Hebr 11,1 | [132] 1Petr 1,23

Die heiligen Sakramente und die Taufe im Allgemeinen
Das 19. Kapitel

Hinsichtlich der Sakramente leiten uns folgende Erwägungen: Wir wollen sehr fleissig einander erinnert und ermahnt haben, dass wir alle in der Liebe[133] gegen jedermann[134] bleiben, soviel an uns ist. Und dass wir uns nicht in irgendeinen Zank einlassen vor allem der heiligen Sakramente wegen, solange nur das Geheimnis, der Herr Jesus Christus, uns gelassen wird. Das gilt auch für den Fall, dass er uns nicht so klar und eindeutig gelassen würde, wie es sein sollte. Keineswegs aber dürfen wir ihn durch Zank gänzlich verlieren.

Denn die Sakramente sollen uns zur Vollkommenheit und nicht zum Anreiz fleischlicher Sinnlichkeit dienen. Will aber jemand seine vorgefasste Meinung gegen uns doch aufrechterhalten, so sollen wir uns fein säuberlich fernhalten und die Rede auf die gewissen Wirkungen lenken, die durch den heiligen Geist Christus selbst in uns vollbringt nach dem Mass, wie Gott einem jeden jeweils Gnade verliehen hat[135]. Zum Beispiel sollen wir reden von der Kraft des Glaubens, vom guten Gewissen, warum und wie lang es besteht, wie und wann es zu Fall kommen kann, wieweit es ewig ist, vom inneren Gang und Wachstum der Gnade und was dergleichen ist. Wenn wir uns nur bemühen, Zank zu vermeiden nach all unseren Kräften, und keine Artikel zu machen, mit denen einer den anderen zu binden und ihm seine Meinung beizubringen und aufzudrängen pflegt! Sonst wird alles Leid und aller Greuel wieder angerichtet und siecherer Zugang zu allem Irrtum eröffnet.

Es schien uns aber, dass von den Sakramenten am ehesten so geredet werden kann:

Erstens: Sie sind nicht Zeremonien oder Kirchengepränge, die

---

[133] Joh 15,9 | [134] 1Thess 3,12 | [135] Eph 4,7

die Hebräer «Chukkim» nennen[136]. Diese nämlich waren Schatten[137] und Figuren des zukünftigen[138] Christus, der jetzt bei seiner Gemeinde gegenwärtig ist und bleibt bis ans Ende der Welt[139]. Vielmehr sind sie Geheimnisse Gottes oder Geheimnisse der Kirche Christi. Durch sie wird den Gläubigen der Christus äusserlich dargeboten, der – gegenwärtig im heiligen Geist – die Herzen schwängert und erfüllt. So bitten wir den Allmächtigen, dass er bei uns den Gebrauch der Sakramente zu einer wahren göttlichen Handlung mache und nicht ein Menschenwerk bleiben lasse. Das heisst: Das grosse Geheimnis «Gott im Fleisch»[140] soll immerfort in uns leben und aufwachsen, wie er von aussen durch die Sakramente vor Augen gestellt wird.

Zweitens: Wir handeln über die Sakramente mit den Worten, die der jeweiligen Zeit zugehören und uns selbst an Gott durch Christus auferbauen. Wir bemühen einander nicht mit Zankreden. Dafür haben wir im heiligen Apostel ein schönes Beispiel: An die Römer, die alle in Christus getauft waren, schreibt er nämlich: «Lasst uns ehrbar wandeln als am Tag, nicht in Fressen und Saufen usw., sondern zieht an den Herrn Jesus Christus und tut nicht nach des Fleisches Klugheit, seinen Lüsten nachzuleben» [Röm 13,13f].

Dagegen schreibt er den Galatern: «Nun aber der Glaube gekommen ist, sind wir nicht mehr unter dem Zuchtmeister. Denn ihr seid alle Gottes Kinder durch den Glauben an Christus Jesus. Denn wie viel von euch getauft sind, die haben Christus angezogen» [Gal 3,25–27]. Was lesen wir da? Widerspricht sich der heilige Geist? Er bittet die getauften Römer, sie möchten den Herrn Jesus Christus anziehen. Bei den Galatern aber ändert er seine Rede und sagt, dass alle Getauften den Herrn Jesus Christus schon angezogen

---

[136] Choq (plur. Chuqqim) bedeutet im Hebräischen: Gesetz, Bestimmung, Vorschrift u. ä. Dass Capito es mit «Zeremonien» übersetzt – die Wiedergabe «Kirchengepränge» hat im Alten Testament selber keinen Anhalt – mag darauf zurückgehen, dass Choq im Alten Testament häufig im Zusammenhang mit kultischen Vorschriften auftaucht.

[137] Kol 2,17 | [138] Hebr 10,1 | [139] Mt 28,20 | [140] 1Tim 3,16

haben. Wohlan, daraus lernen wir, dass nicht auf die Rede, Worte und Ausdrucksweise, sondern auf den Sinn zu achten ist. Dementsprechend wird die Art zu reden beibehalten oder geändert, wie es der jeweiligen Zeit am besten dient. Deshalb sollen wir die Wortzänker umso mehr meiden, je höhere Geheimnisse sie ihrem Zank beimischen. Vielmehr sollen wir mit Paulus jetzt sagen: «Ziehet an den neuen Menschen»[141], «ziehet an die Waffen Gottes»[142], «die Waffen des Lichts»[143]. «Bekleidet euch als die Auserwählten»[144]. Ebenso: «Zieht an die Kraft aus der Höhe»[145]. Noch viel Derartiges [sollen wir sagen], wenn wir die Gemeinde ermahnen wollen fortzuschreiten, und wenn wir betrachten, was unserer schwachen Gemeinde fehlt.

Wenn wir aber bedenken, was wir alle, die glauben und durch die Taufe Christi im heiligen Geist getauft sind, von Gott erlangt haben, ferner, dass «die Liebe alles glaubt»[146], so dürfen wir auch sagen: Wir Getauften haben alle den Herrn Jesus Christus angezogen[147]. Und wir können gut daran anschliessen:

«Liebe Brüder, zieht aber weiterhin den Herrn Jesus Christus an[148]! Denn gar bald werden wir unseren Mangel in unserem Fleisch auch bedenken, wenn wir die Gnade Gottes in uns ansehen. Dies, damit wir nicht in Selbstgefälligkeit geraten.»

Es hat der Kirche immer zum Verderben gereicht, dass jedermann etwas Neues lehren will, und dass es wenige sind, die den wahren Meister, den heiligen Geist, hören. Demgegenüber haben wir die Einfalt Christi zuvor beschrieben. In der wollen wir mit der Hilfe Gottes bleiben und dazu alle Mittel – das heisst die Sakramente, Taufe und Abendmahl und das äusserliche Wort – ohne Vorwitz gebrauchen. Denn in allen Dingen sehen wir durch den Glauben allein auf unseren Christus[149] – oder sollten doch sehen! Das wissen wir sehr wohl. Gott helfe uns, dem getreulich nachzukommen.

---

[141] Eph 4,24 | [142] Eph 6,11 | [143] Röm 13,12 | [144] Kol 3,12 | [145] Lk 24,49 |
[146] 1Kor 13,7 | [147] Gal 3,27 | [148] Röm 13,14 | [149] Hebr 12,2

Die Taufe im Besonderen
Das 20. Kapitel

Es ist die Kirche, bei der Christus wohnt[150] und die er selbst erhält am inwendigen Menschen. Die Sakramente dieser Kirche sind nicht bloss Zeichen, sondern Zeichen und heimliche Kraft Gottes zugleich. So ist es auch bei der heiligen Taufe: Der Diener [des Wortes] tauft mit Wasser und Christus zugleich mit seinem Geist. Nun taufen wir aber unsere Kinder so: Wir nehmen sie durch unser Taufen äusserlich in die Gemeinde Gottes auf in der Hoffnung, der Herr werde nach seiner ewigen Güte danach sein Amt bei ihnen auch ausrichten und sie mit dem heiligen Geist wirklich taufen[151]. Diese Kindertaufe ist für uns ein wahres Sakrament.

Denn unser Glaube sieht über das Äusserliche[152] und über Raum und Zeit hinaus. Auch ist sie [die Kindertaufe] für den gläubigen Menschen die Erinnerung an dies Geheimnis. Denn sie gehört zur wahren Gemeinde Christi. Darum ist unsere Kindertaufe ein Sakrament der Kirche und ein grosses Geheimnis Gottes, nicht bloss eine Zeremonie. Sind wir doch Christen und deuten ihn [Christus] nicht mehr mit Figuren und Schatten an. Vielmehr stellen wir unseren Glauben durch das Sakrament wahrhaftig als gegenwärtig dar und frischen ihn auf. Freilich ist das bei dem Kind noch nicht in wirksamer Gestalt angelegt. Bei uns aber, die wir bei der Handlung zugegen sind, ist es angelegt, und wir wissen, dass wir durch das Sakrament das Handeln Gottes abbilden, wie es für uns und bei uns angelegt ist, und nicht wie es für Gott in Ewigkeit besteht. Also: Die Taufe begräbt mit Christus und erweckt mit ihm auf[153]. Dennoch aber haben wir aus Christus diese Freiheit, den zu taufen, den wir zu solchem Absterben durch Christus zu erziehen gedenken. Nur darauf ist fleissig zu achten: Wir sollen nicht ohne gegenwärtiges Geheimnis mit den Sakramenten umgehen, soweit es an uns liegt und

---

[150] Eph 3,17 | [151] Mt 3,11; Apg 1,5 | [152] 2Kor 4,18 | [153] Röm 6,4

unser eigenes Gewissen betrifft. Denn sie sollen Sakramente sein und bleiben und nicht bloss als ein Schauspiel ausgeübt werden.

Der Vollzug der Taufe
Das 21. Kapitel

Deshalb bitten und ermahnen wir: Der Taufende soll seine Leute daran gewöhnen, ihre Kinder am Sonntag zur Taufe zu bringen, wenn die Gemeinde zugegen ist. Denn wie gesagt, die Taufe ist ein Sakrament der Kirche oder der Gemeinde – zwei Wörtchen, die wir für ein und dieselbe Sache verwenden: das gläubige Völklein. Darum soll die Taufe nicht ohne Anwesenheit der Gemeinde vollzogen werden. Ist nämlich die Gemeinde nicht dabei, so ist die Taufe nicht ein Sakrament der Kirche, sondern ein gewöhnliches Kinderbaden. Wenn also eine abergläubische Hebamme das Kindlein im Hause nottauft, wie man sie im Papsttum gelehrt hat – es sei dabei, wer da wolle: dann ist das keine Taufe. Denn die Hebamme hat von der Gemeinde Gottes dafür keinen Auftrag. Auch ist da ein falscher Glaube mit hineingemischt: Man gibt vor, das Kindlein müsse ewig verloren sein, wenn es nicht äusserlich getauft würde. Darum taufen anderswo fromme Christen ihre Kinder nicht, wenn sie schwach sind und voraussichtlich oder gewiss in einem Monat oder zweien sterben werden.

Die Taufe ist hauptsächlich der christlichen Gemeinde wegen notwendig, die an dem Kindlein noch nicht anders handelt als auf künftige Hoffnung hin.

Damit wir auch eine Gleichheit [der Praxis] haben, gefällt es uns, die Taufhandlung nicht ausserhalb oder mitten im Gotteshaus, sondern ganz beim Taufstein vorzunehmen. Das Kind soll eingewickelt bleiben und nur das Köpfchen getauft werden. Entstehen doch viele Krankheiten, wenn so ein zartes Körperchen, das noch rot vom Mutterleib und die Luft nicht gewöhnt ist, in das kalte Wasser gestossen und von der kalten Luft angeweht werden sollte. Dabei soll sich niemand [dadurch] beirren lassen, dass von alters her gesagt wird, es solle um der Bedeutung willen dreimal ganz unter Wasser gestossen werden. Das sind doch alles Gedanken von Menschen! Wollte man so vorwitzig im Äusserlichen die Bedeutung sehen, so dürften wir nicht in geschöpftem Wasser taufen und müssten vierzig Mass Wasser haben, die die Juden «Sata» oder «Sain» nennen, nach der Vorschrift ihres Talmuds.

Ebenso müsste es um der Bedeutung willen gemäss dem Propheten Jesaja lebendiges und fliessendes Wasser sein[154]. Denn die inwendigen Wasser sind lebendig und quellen allezeit empor in das ewige Leben. Aber wo bliebe da unsere Freiheit? Wie würden wir da sehr bemüht mit den äusserlichen Dingen und [dadurch] an der Betrachtung der ewigen Taten Gottes, die im Glauben geschehen, gehindert! Deshalb, liebe Brüder und Mitdiener am heiligen Evangelium Christi, wollen wir mehr auf unser vornehmstes Amt, die Verkündigung unseres Herrn Christus, achten. Wir wollen uns nicht von den abwegigen Phantasien unruhiger Menschen beschweren lassen, die es ja gut meinen, aber die Einfältigen der äusseren Handlungen wegen zum Aberglauben führen. Darum sind wir darauf bedacht, in unseren Taufangelegenheiten Gleichheit zu wahren und nicht zu sagen, wie etliche es tun: «Ich bin frei, darum will ich taufen, wie es mir gefällt. Was gehen mich andere Leute an?» Nein! Nicht so, liebe Brüder! Ein Christ ist wohl frei, er nimmt aber auf jedermann Rücksicht. Sein Wunsch ist, niemanden zu beunruhigen noch irgendeinen Anstoss zu geben[155]. Wir sind frei, aber Diener der Gerechtigkeit[156] und jedermanns Knecht um Christi willen[157]. Was ist aber das für eine christliche Liebe, wenn ich in äusserlichen Dingen einer ganzen Stadt und einem [ganzen] Land mich nicht anpassen und ihnen gleichförmig machen kann? Doch hoffen wir, es wird niemand so schnöde sein und einen besonderen Ritus annehmen.

[154] Die gemeinte Stelle lässt sich nicht eindeutig bezeichnen.
[155] 1Kor 16,23.32.33 | [156] Röm 6,16.18 | [157] 2Kor 4,5

Weil aber die Taufe ein heiliges Sakrament der christlichen Kirche ist, darum wollen wir, dass sie mit Ernst und Nachdruck vollzogen wird. Es soll eine Schriftstelle über die Taufe verlesen, ausgelegt und die wahre Taufe Christi erläutert werden: die im heiligen Geist geschieht, durch die er Erneuerung wirkt und von oben herab Kinder Gottes gebiert in das ewige Leben. Danach soll man sittsam beten und die Ermahnung anschliessen, die Umstehenden möchten sich ihre Taufe vor Augen stellen und diese doch in ihnen selbst vollkommener machen durch Absterben am Fleisch[158] und Auferstehung nach dem Geist[159]. Dann geschehe die Taufe mit Ernst und Nachdruck und nicht so liederlich und lächerlich wie im Papsttum. Denn wie oft gesagt: Sie ist nicht eine Zeremonie, sondern ernstes, hohes Sakrament und Geheimnis Gottes.

Das Nachtmahl des Herrn
Das 22. Kapitel

Beim Nachtmahl des Herrn gilt es, sich zu vergegenwärtigen und ins Gedächtnis zu rufen, was oben von den Sakramenten und von der Taufe im Allgemeinen gesagt wurde. Das Nachtmahl des Herrn umfasst die ganze Sache der Gläubigen. Auch im Brotbrechen des Herrn handelt es sich um ein Sakrament, keine leere Zeremonie. Es trägt dem Gläubigen den Leib Christi Jesu vor, der für uns gestorben ist[160], und das Blut usw. Dieser Leib und dieses Blut Christi speist und tränkt uns innerlich im heiligen Geist. Wie durch den Mund das vergängliche Brot den verderblichen Leib speist und der Wein ihn tränkt, so sieht der Glaube über sich vom Zeitlichen in das Ewige[161] und enthält also zwei Vorgänge: das äusserliche Brotbrechen und die inwendige Speisung der Seele. Darum sind der Leib Christi Jesu und sein wertes Blut im Abendmahl gegenwärtig.

---

[158] Röm 8,13 | [159] Röm 8,11; 1Petr 3,18 | [160] 1Thess 5,10 | [161] 2Kor 4,18

Aber der leibliche Leib steckt nicht im Brot noch im Wein das leibliche Blut, wie der alte Irrtum vorgab. Daraus folgt, dass es ein Sakrament der Gemeinschaft und Vereinigung ist. Hält es doch dem Glauben den Leib Christi bildlich vor Augen, dessen Glieder wir alle sind als solche, die von seinem Fleisch und Gebein sind[162], gemäss dem Spruch: «Das Brot, das wir brechen, ist das nicht die Gemeinschaft des Leibes Christi? Denn wir viele sind ein Brot und ein Leib, weil wir alle eines Brotes teilhaftig sind» [1Kor 10,16f].

Von daher ist wohl zu verstehen, was das ist: «Den Leib des Herrn unterscheiden»[163] – nämlich den Leib, durch den wir gespeist werden, und dass wir Gemeinschaft haben. Wer nun sich selbst nicht prüft[164] oder bewährt, wer sich für höher einschätzt[165] und mehr von sich selbst als von anderen Leuten hält[166], der unterscheidet nicht den Leib Christi. Ihm fehlt es an der Gemeinschaft des Leibes Christi, solange er noch so auf sich selbst besteht. Das Essen ist ihm wie ein anderes, gewöhnliches Essen ohne Geheimnis und ohne Christus, und so isst er sich selber zum Gericht[167]. Straft also Christus sonst durch seinen Geist das weltliche Sündenfleisch, so straft er bei diesem noch nicht, weil er noch nicht bei ihm ist.

Hinsichtlich des äusserlichen Brauches halten wir es für richtig, dass wir Oblaten benutzen. Wenn jemand keine kleinen Oblaten haben kann, soll er grosse nehmen und die säuberlich in kleine Teile zerschneiden. Auch soll gepredigt werden, ein jeder möge des Herrn Brot und den Kelch in die Hand nehmen, das sei passender, als es sich eingeben zu lassen. Wo jedoch jemand sich davor scheut, weil es ihm ungewohnt ist, dem wollen wir das Brot in den Mund legen und selbst ihm mit dem Kelch zu trinken geben, bis ihm solche Scheu von selbst vergeht.

Auch ist es unser Brauch, dreimal im Jahr das Nachtmahl zu halten, nämlich an Ostern, Pfingsten und Weihnachten. Das soll nicht heissen, wir seien an die Zeit gebunden. Niemandes Gewissen soll

---

[162] Eph 5,30 | [163] 1Kor 11,29 | [164] 1Kor 11,28 | [165] 1Kor 4,6 | [166] Phil 2,3 |
[167] 1Kor 11,29

darum beschwert werden[168], wie der Papst bei Todsünde geboten hat, alle Jahre einmal zu Ostern das Sakrament zu nehmen. Doch kann ein jeder leicht entnehmen, wie viel Glaube und Liebe bei dem vorhanden sein mag, der sonst keine Hinderung hat und sich der frommen, einfältigen Gemeinde nicht anpassen will. Das Nachtmahl soll mit Ernst gefeiert werden, zumal es die ganze Sache Gottes einschliesst. Darum soll dieses Geheimnis erklärt werden durch Verlesen einer dazu dienlichen Schriftstelle, vorab der Einsetzungsworte des Nachtmahls des Herrn nach der Beschreibung des Apostels[169] und der Evangelisten[170]. Dem soll ein wohldurchdachtes, andächtiges Gebet folgen, darauf die Austeilung von Brot und Kelch. Darauf die Danksagung, wie ein jeder gerade vermag. Es sollen auch diejenigen angezeigt werden, denen diese himmlische Speise nicht zusteht, all denen nämlich, die nicht vom Himmelreich sind. Paulus zählt sie in 1. Korinther 6,[9f] auf und anderswo mehr[171].

Nachdem nun die Sache bei uns einen solchen Tiefstand hat und noch in den Anfängen steht, sollen und wollen wir mehr auf die inwendige Erbauung sehen, die vor Gott Bestand hat[172], als auf das Äussere. Darum wollen wir uns mit dem Chorgericht begnügen, sofern es fleissig seines Amtes waltet, und nicht so bald noch weiter jemand in den Bann tun. Jenes mag den Sündern, die Ärgernis erregen, Einhalt gebieten, die Gemeinde vor bösen Beispielen bewahren[173] und dem Täter durch die Strafe Anlass geben, von seinem bösen Wandel abzustehen. Daneben sollen wir nur fleissig gegen jedermann brüderliche Strafe [Ermahnung] ausüben. Es ist auch von Natur schon so, dass die Böswilligen sich selbst durch ihr feiges und schändliches Leben von uns absondern, waren sie doch nie recht bei uns gewesen[174]. Sollten diese je mit Worten und Werken dem Evangelium feind sein und dennoch am Tisch des Herren teilhaben wollen, so wird jeder eifrige und gewissenhafte Diener Gottes zur

---

[168] Röm 14,1 | [169] 1Kor 11,23ff | [170] Mk 14,22ff par | [171] Gal 5,19–21; Eph 5,5 | [172] Eph 2,22 | [173] 1Kor 10, 32 | [174] 1Joh 2,19

Ehre seines Herrn alle billigen Mittel wohl selbst zu erwägen wissen, damit er nicht wegen mangelnden Fleisses gestraft werde.

Der Gebrauch des Gesetzes und der Propheten
Das 23. Kapitel

Das ist also wahr, wie wir nun deutlicher sehen: Unsere Sakramente sind grosse Geheimnisse Gottes und nicht leere Zeremonien, und Mose mit seinen Zeremonien und Geboten geht uns nichts an. Auch soll ein Christ nicht rückwärts auf den Mose und die Propheten verwiesen werden, sich nach der Art des Mose und der Propheten zu richten und zu bilden. Der Christ wird vielmehr ermahnt, immerfort zuzunehmen und zu wachsen in der Erkenntnis Jesu Christi[175].

Dagegen sagt man: Dann brauchen wir also die Bibel nicht und sollen nicht aus der Schrift Alten Testamentes predigen? Diesem Einwand stellen wir Paulus entgegen, der seinen Jünger Timotheus so ermahnt [2Tim 3,14–17]: «Bleibe in dem, was du gelernt hast. Weil du von Kindheit an die Heilige Schrift weisst, so kann dich dieselbe weise machen zur Seligkeit durch den Glauben an Christus Jesus. Denn alle Schrift, von Gott eingegeben, ist nütze zur Lehre, zur Strafe, zur Besserung, zur Züchtigung in der Gerechtigkeit, dass ein Mensch Gottes ohne Mangel sei, zu allem guten Werk geschickt.» Soweit der Apostel. Er will, dass Timotheus im Glauben an Christus bleibt und sich der Schrift bedienen soll usw. Dementsprechend können wir fünf Gründe finden, die Schrift zu gebrauchen.

Erstens: Die Schrift, also das Gesetz und die Propheten, «macht weise zur Seligkeit». Das heisst: Sie führt uns zu Christus und lehrt, ihm als dem Heiland zum Heil und ewigen Leben glauben. Moses Gebote zeigen an, wie wir sein sollen, und drohen den Tod an, wenn wir nicht so sind. Was vermag er also anderes als dies: Er weckt ein Verlangen nach dem, der den Gottlosen

---

[175] 2Petr 3,18

gerecht macht[176], und gibt dem inwendigen Menschen, nicht mehr zu sündigen[177]. Welch grosse Weisheit ist dies doch: aus dem Gesetz und den Geboten, die uns auf Gott hin ausrichten, erkennen, dass wir ohne fleischliche Begierde sein sollen[178]! Wer besteht nun so durchs Gesetz? Niemand. Darum macht er [Mose] uns weise und klug, das Heil durch den Glauben an Christus zu erlangen. Der bietet im heiligen Geist erstens das Wort vom Kreuz[179] an, das die Begierden tötet[180], und zweitens das Wort des Lebens[181] oder die Kraft der Auferstehung[182], was uns geistlich und himmlisch gesinnt macht[183]. In diesem Sinne ist das Gesetz gut für den, der es recht gebraucht[184]. Dazu dienen alle Abbilder: die Stiftshütte, der goldene Leuchter, der Tisch, die Schaubrote, die Bundeslade, das Heiligtum, auch alle Opfer und überhaupt der gesamte Dienst des Mose, durch den offenbar wird, dass ganz und gar nichts Gutes in uns, das ist, in unserem Fleisch, ist[185]. Lehrt er uns doch, was uns fehlt an Rechtschaffenheit gegenüber Gott und unserem Nächsten, in den beiden Geboten, die Gott und den Nächsten betreffen[186]. Er lehrt das Kreuz und die Auferstehung Christi am Bild des ganzen Volks [Israel]: In tiefster Erniedrigung wird es erhöht und erlangt in der Not das irdische Heil – wie wir durch wahre Busse das ewige Heil erlangen, wenn wir an Christus glauben. Den gleichen Inhalt haben alle Propheten. Sie sind alle nichts anderes als Erläuterung und Auslegung des Mose und enthalten Geschichten, die Vor-Schatten[187] der Erlösung in Christus sind.

Auf diesen sieht letztlich der heilige Geist in allen Schriften des Mose und der Propheten, und seinethalben haben alle Werke Gottes äusserlich einen solchen Lauf, wie inwendig der Gang der Gnade durch den Geist Christi vollführt wird. Von daher versteht man, was der Herr meint, wenn er in Joh 5,[46] sagt: «Wenn ihr Mose glaubtet, so glaubtet ihr mir, denn er hat von mir geschrieben.»

---

[176] Röm 4,5 | [177] Röm 7,22 | [178] Röm 7,7 | [179] 1Kor 1,18 | [180] Gal 5,24 | [181] Phil 2,16; 1Joh 1,1 | [182] Phil 3,10 | [183] Röm 8,5 | [184] 1Tim 1,8 | [185] Röm 7,18 | [186] Mk 12,31ff par | [187] Kol 2,17; Hebr 10,1

Ebenso: «Erforscht die Schrift, denn ihr meint, ihr habt das Leben darin, und sie ist es, die von mir zeugt. Aber ihr wollt nicht zu mir kommen»[188]. Daraus folgt, dass der die Schrift noch nicht begreift, der bei seinem Verständnis nicht Zeugnis, Zugang und Erinnerung auf Christus hin findet. Wenn wir aber infolge unserer Unwissenheit Christus nicht so, wie gesagt, in allen Schriftstellen zu erfassen vermögen, soll uns das dennoch nicht beschweren: Der heilige Geist in uns wird uns immer weiterhelfen. In allen unseren Predigten sollen wir einzig Christus verkündigen. Darum ist es nötig, jedes Mal einen bekannten Schriftabschnitt zu behandeln, der uns das Bild Christi vor Augen stellt, nachher in anderen Stellen, wo wir Christus noch nicht erkennen, sonst etwas Gutes zu suchen. Denn die Schrift «ist nütze zu allem Guten» [2Tim 3,16f]. Wer etwas Gutes in der Schrift findet, der hat schon einen Teil ihres Sinnes erfasst.

Zweitens ist die Schrift «nütze zur Lehre». Diese Lehre ist die Erkenntnis der Früchte, Gaben und Gnade, die aus dem Kreuz fliessen. Das Verständnis dieser himmlischen Güter wird uns wohl zuteilwerden, wenn wir mit der beschriebenen Einübung in Christus fortfahren. Dazu gehören die weltlichen Verheissungen, die wir [zunächst] gemäss der Gottseligkeit und aus Christus in geistlichem Sinne vortragen sollen und danach erst weltlich: sofern der Geist Christi das höhere Amt zuvor bei uns ausgerichtet hat. Wo das nicht geschieht, da ist zu befürchten, dass wir gegebenenfalls viel Verheissung neben und ausserhalb Christus einführen – aus der nichts wird. Augenscheinlich würden wir überführt, dass wir nicht Apostel und auch nicht wahre Propheten sind, würden wir doch beim Lügen ertappt und ergriffen. So haben einige die Bauern [mit dem Versprechen] vertröstet, sie könnten die Büchsenkugel in den Ärmel stossen und gegen den Haufen ihrer Feinde abfeuern durch ihren Glauben. Aber die Bauern wurden schlimm

---

[188] Joh 5,39f

geschlagen, und sie, die falschen Propheten, haben nichts dergleichen eingehalten. Darum sollen wir Diener des Geistes alle Dinge geistlich deuten, wie sie in Christus alle geistlich und wahr sind.

Drittens: «zur Bestrafung» der Irrtümer. Zwar sind wir, nämlich durch den Glauben, zu einigem Wissen gekommen. Immer noch aber sind wir voller Finsternis und Unwissenheit. Doch soll man die Schrift stets im Sinne des Glaubens an Christus gegen den Irrtum heranziehen und nicht nur nach dem toten Buchstaben[189] gebrauchen, wie einige zu tun pflegen.

Viertens dient die Schrift «zur Besserung». Die Historien und Figuren, auf uns bezogen, enthalten kräftige Ermahnung.

Fünftens: «zur Züchtigung in der Gerechtigkeit», das heisst, zum Bestrafen der Laster. Wir sollen von ihnen abstehen und gottgefällig werden.

Hier ist wohl zu merken, was vor Gott unrecht ist, und dass wir dessen sicher sind, was wir mit Berufung auf die Propheten strafen wollen. Sonst machen wir uns selbst zu falschen Propheten[190], wenn wir sagen: «Das redet Gott und das will er von uns haben» – und Gott zeigt in der Folge durch Tatsachen, dass ihm das Gegenteil gefällt. Denn daran erkennt man einen falschen Propheten: «Wenn er etwas redet im Namen des Herrn, und es wird nichts daraus und kommt nicht so, das ist das Wort, das der Herr nicht geredet hat», Dtn 18,[22]. Solchen Propheten ist weiter vorn im 13. Kapitel [6] der Tod angedroht. Auch sollen prophetische Strafen in unseren christlichen Herzen mit dem Geist Christi gedämpft und gemildert werden, damit sie immerfort unter aller Scharfe eine [alles] durchdringende Liebe mitbringen, durch die die Bitterkeit der Strafe versüsst wird.

Auf diese Weise haben wir einen Gebrauch der Schrift, auch wenn wir sie noch nicht bis auf den Grund verstehen, das heisst: auch wenn wir Christus noch nicht in ihr reden hören. Denn Gottes Geist lehrt

---

[189] Röm 7,6; 2Kor 3,6 | [190] 2Petr 2,1; 1Joh 4,1

alles Gute, alle guten Sitten und anderes mehr. Nur daran, liebe Brüder, sollen wir denken: Wir wollen unseren Auftrag, die Predigt von Christus, treulich ausrichten.

Die Kritik am Papsttum in den Predigten
Das 24. Kapitel

Andererseits sollen die Pfarrer die Loci communes Pontificiorum, das heisst die geläufigen Hauptstücke der Papstkirche, genau kennen. Sie sollen sie in ihren Predigten nach der Darstellung des Herrn Christus – gemäss obigem Artikel und mit wenigen Worten – ablehnen, und zwar von Punkt zu Punkt alle miteinander. Dies aber nicht in einer Predigt, sondern sie sollen jetzt diese, dann eine andere Verführung widerlegen, wie es sich gerade ergibt. Doch soll sich deshalb jeder Pfarrer einen Plan machen. Denn zwar ist der Papst in unserer Gnädigen Herren Herrschaft und Gebieten, in Stadt und Land, äusserlich abgeschafft. Dennoch aber ist es nötig, die armen Leute fest und gründlich zu unterweisen, damit ihr Gewissen nicht von der Gegenseite verwirrt und irre gemacht wird[191]. Damit wir aber richtig verstanden werden, setzen wir den Fall, ein Pfarrer hätte diesen Spruch behandelt: «Christus ist das Haupt der Gemeinde, er ist seines Leibes Heiland» [Eph 5,23]. Der Pfarrer hätte aufgezeigt, wie die Gemeinde Christi ein innerliches und geistliches Volk ist, das der lebendige, wahre Christus selbst im heiligen Geist regiert und zugleich selig und heilig macht ohne Vermittlung irgendeiner Kreatur. Da könnte sogleich angehängt werden: «Es ist also eine Verleugnung Christi zu sagen, der Papst sei ein Statthalter Christi. Denn Christus ist selber gegenwärtig[192] und ist mit der Kirche oder Gemeinde so verbunden, wie das Haupt mit den Gliedern verbunden ist[193], denen [!] er selbst Leben, Kraft und Geist eingiesst. Daher wird offenbar: Alles, was vom Papst als

---

[191] Röm 14,1 | [192] Mt 28,20 | [193] Eph 4,15f

Statthalter Christi unternommen wurde mit all seinen Satzungen und Verboten, das ist vom Teufel und gegen Christus, unseren Heiland usw.» So mag es mit mehr oder weniger Worten und unter Nennung eines besonderen Artikels wie Messe, Beichte usw. geschehen, wie es sieh gerade ergibt.

Das Ermahnen und Tadeln
Das 25. Kapitel

Es soll also der heilige Geist aus den Pfarrern reden, das Heil der Welt, unseren Herrn Jesus Christus verkünden. Dieser Geist führt zu Gott und tadelt die Welt der Sünden wegen[194]. Die Pfarrer sollen dementsprechend in allen Predigten auf Christus und die Früchte der Gerechtigkeit[195] hin ermahnen und danach die Welt um der Sünde willen tadeln. Dabei sollen sie sich nicht nur die äusserliche Sünde und groben Laster vornehmen – die allerdings mit Ernst anzugreifen sind! –, sondern auch die heimlichen, verborgenen, geistlichen Tücken[196] des Fleisches: z. B. Selbstgefälligkeit[197], Heuchelei, geistlichen Hochmut[198], Mangel an brüderlicher Liebe[199], Unfreundlichkeit, und was dergleichen gegen Gott im Herzen wütet. So soll ein jeder nach dem Masse seines Glaubens[200] getadelt und gebessert und die Gemeinde ermahnt werden, auf den Brunnquell und Ursprung, das heisst auf das Herz[201] und die heimlichen Gedanken, zu sehen und diese zu bessern.

Notwendig ist dabei, dass der Prediger nicht aus menschlichem Antrieb tadelt, sondern aus der ewigen Wahrheit als vor Gott und im Angesicht unseres Herrn Jesus Christus. Das hat zur Folge, dass er niemals anders tadeln wird als aus herzlicher Liebe, mit der sein gottergebenes Herz durch Christus übergossen ist. Er wird im Tadel auch nicht weiter gehen, als es den Zuhörern zur Auferbauung dient, soll doch in der Kirche alles «zur Besserung» geschehen[202] und nicht

---

[194] Joh 16,8 | [195] Phil 1,11 | [196] 2Kor 4,2 | [197] Röm 15,1 | [198] 1Petr 2,1 | [199] Röm 12,10 | [200] Röm 12,3 | [201] Mk 7,21 par; Hebr 4,12 | [202] 1Kor 14,26

aus fleischlichem Eifer oder Zank. Denn leider geschieht es oft, dass diejenigen, die sich des Auftrags Christi rühmen, sich selber predigen[203], ihrem Unwillen gegen die ihnen Missliebigen Lauf lassen und an ihnen ihr Mütlein kühlen. Zu Recht wird darum ihr Amt statt eines Lehrstuhles der Kirche «Lehrstuhl der Unverschämtheit» genannt. Es soll keine Bitterkeit in das Herz kommen[204], das es wagt, den freundlichen Christus[205] zu verkünden. Vielmehr soll «die Liebe Gottes ausgegossen sein in solch Herz durch den heiligen Geist, der ihm gegeben ist»[206] und zu dem der Prediger die Zuhörer weisen soll. Ist aber der Tadel nicht nach göttlichem Willen aus der Erkenntnis Christi entnommen, die Schärfe des Tadels nicht mit Herzlichkeit und Liebe gemischt, und spürt nicht jedermann, dass allein Gottes Ehre und die Seligkeit der Zuhörer angestrebt wird, dann wird die Sache nicht im Sinne Christi ausgeführt. Das gestehen und bekennen wir unserem Herrn und Gott zu Ehren. Ihn bitten wir hiermit, er wolle unsere Herzen und Zungen mässigen und geben, dass wir das rechte Mittelmass treffen. Denn ganz und gar schweigen oder die Laster zu sanft angreifen, geht auch nicht. Wer allein auf Gottes Urteil sieht, weiss aus dem Gesagten genug Auskunft zu entnehmen.

Die Redeweise beim Tadeln soll nicht leichtfertig und weltlich, sondern fest, eindringlich und anständig sein. Die Herrlichkeit Christi, die den Tadel der Sünde frei herausredet wider die Welt, darf nicht verkleinert werden.

Von den Christen nämlich sollen alle Dinge in der Kirche sich sehen lassen können[207]. Dagegen führen einige von uns gar abgeschmackte und unfeine Reden, die züchtige Ohren wohl kaum ohne Scham vernehmen können. Das soll nicht sein. Darum wollen wir einander treulich ermahnt und gebeten haben, nüchterne und rechtschaffene Reden zu führen, die zur Auferbauung und nicht zur Zerstörung der schwachen Gemüter dienen.

---

[203] 2Kor 4,5 | [204] Eph 4,31 | [205] 1Petr 2,3 | [206] Röm 5,5 | [207] 1Kor 14,40

Wen man tadeln soll
Das 26. Kapitel

So sollen nur die anwesenden Zuhörer angeredet und getadelt werden. Denn was hilft es, in Stadt und Land unserer Gnädigen Herren von Bern Kurfürsten und Fürsten anzugreifen, die mit uns nichts zu tun haben und sich mit unserer Kirche nicht befassen wollen. Paulus spricht: «Es sollen in der Kirche alle Dinge zur Besserung geschehen», 2Kor 12 [19][208]. Was bessert es aber, den Abwesenden mit starken Worten zu schelten, und unsere anwesenden Leute mit solchen unnützen Worten aufzuhalten? Sie sind es doch, die Lehre und Tadel so sehr nötig haben. Das ist gerade, wie wenn man einen Toten zum Bad tragen würde und den Kaminfeger in seinem Russ und Unflat verderben liesse. Der hätte doch das Bad nötig, aber das beachtet man nicht. Dem anderen, das heisst, dem toten Leichnam, nützt die Badestube nichts, ausser dass er von der Hitze umso eher stinken wird. Genau so schwatzen wir daher über die fremden Leute mit unseren hitzigen Zungen; unsere anwesenden Zuhörer aber, denen wir durch angemessenen Tadel dienen möchten und sollten, lassen wir in ihrem fleischlichen Wohlgefallen stecken. So richten wir in allen Teilen Schaden an, wenn wir uns nicht nach der Regel Christi verhalten. Denn so hart von Abwesenden reden verbittert zudem das Volk der Zuhörer und führt zu frevelhaftem Urteilen; es gibt dann nicht mehr acht auf seine eigene Besserung, sondern will klug werden im Urteilen über anderer Leute Laster. Darum soll man von abwesenden Leuten nicht reden, es sei denn, um drohendem Schaden zuvorzukommen, der von den Auswärtigen in weltlichen oder geistlichen Dingen eben jetzt zu befürchten wäre. Oder dass es etwa mit kurzen Worten beiläufig und als Beispiel geschieht, um unsere rechtschaffenen Zuhörer vor gleichem gottlosen Wesen zu bewahren. Den Papst aber dürfen wir nicht vergessen, denn er ist

---

[208] Ebenso 1Kor 14,26

mit seiner Gewalt schon anwesend und macht viele Gewissen irr und unruhig[209] in sich selbst; ansonsten könnten wir ihn gut links liegen lassen. Denn wir haben Dringenderes zu tun, als uns mit seinen unsauberen Satzungen abzugeben. Es ist jedoch unsere Schuldigkeit, die Hindernisse beim Bau des göttlichen Tempels[210] abzuwenden.

Wir sollen also in den Predigten diejenigen, die abwesend sind, nicht erwähnen, es sei denn, dass jemand auf den Plan träte, von dem wir in Zukunft für unsere Gemeinden irgendwelchen Schaden zu befürchten hätten. Da muss man warnen und darf nicht schweigen, auch wenn solche Rede unsere Feinde, die wir also notwendigerweise aufregen müssen, aufs Höchste aufbringt. Denn hier ist es dann unumgänglich. Es ist jedoch leicht, die Bösen, die sich selbst suchen, von den Frommen und Gottesfürchtigen zu unterscheiden.

Auch Paulus erwähnt so die falschen Apostel Hymenäus und Alexander[211], den Kupferschmied[212], die nicht anwesend waren. Er warnt vor ihnen, damit die frommen Gemeinden Gottes sich vor ihnen zu hüten wüssten, wenn diese sich in Ephesus an sie heranmachen würden. Daneben führt er häufig die guten Beispiele der Gläubigen an, die es in anderen Kirchen gab[213], um die Leute zur Busse und Besserung anzuspornen. Böse Beispiele gibt es überall genug, so dass man sie nicht weit suchen muss. Die guten aber kann man so nicht überall in grosser Zahl finden. Darum darf nichts von all dem Guten verschwiegen bleiben, das von Gläubigen geschieht, die anderswo wohnen. Einige aber pflegen das Gegenteil zu tun: Sie decken jedermanns Schande auf und können gar nichts bei jemandem finden, das man rühmen könnte. Dies mag auch in guter Meinung geschehen, nämlich dass man mehr darauf sieht, wie man über das Arge wacht und es verhütet, als wie man Gutes durch Christus in den Herzen aufbaut. Das aber ist doch eigentlich Aufgabe der Christen.

[209] Röm 14,1 | [210] 1Kor 3,17; Eph 2,21 | [211] 1Tim 1,20 | [212] 2Tim 4,14 |
[213] 2Kor 9,2

Dass die Wahrheit ohne Verlass auf irgendeine irdische Anhängerschaft aus der Schrift und nicht aus dem Auftrag der Obrigkeit zu sagen ist
Das 27. Kapitel

Auch sollen die Pfarrer das Schwert des göttlichen Wortes[214] in gleicher Weise schneiden lassen und niemanden verschonen[215], es sei Frau oder Mann, Herr oder Knecht, Freund oder Feind, Oberherr oder Untertan. Es ist ihre Aufgabe, frei heraus zu sagen, was sie nach göttlichem Wort der Besserung dienlich finden, es gefalle oder missfalle, wem es wolle. Sie sollen aber nicht sich selbst fleischlichen Anhang schaffen oder durch listige Machenschaften Spaltungen hervorrufen. Denn Gottes Sachen sind schlicht und gerade, ohne alles Wanken und ohne Rücksicht auf einen menschlichen [Gerichts-]«Tag» [1Kor 4,3] auszuführen.

Schliesslich sollen auch nicht gewisse Leute – wie man hört – nur Euer Gnaden Gewalt predigen, etwa: «Das und das haben sie, die Herren, beschlossen und geboten. Darum sollen es die Untertanen glauben und halten.» Der Unverständige sieht dann in göttlichen Sachen mehr auf unsere gnädigen Herren als auf Gott selbst – was [doch] ein Hauptstück des Papsttums ist! Denn der Glaube sieht allein auf Gott. Er kommt aus dem lebendigen Wort Gottes[216] und der Erleuchtung des Herzens und hängt nicht an unseren Gnädigen Herren oder an irgendeines Menschen Urteil. Denn «der Gerechte lebt in seinem Glauben [Hab 2,4; Röm 1,17].

Also würde man es geziemenderweise so sagen: «Die löbliche Herrschaft zu Bern, unsere Gnädigen Herren, haben das Evangelium angenommen und die Messe und anderes aberkannt, wovon sich gezeigt hat, dass es im Widerspruch zu dieser und jener Schriftstelle, zu den Artikeln des Glaubensbekenntnisses und zum Verständnis Christi steht. Das seht ihr jetzt selber ein und könnt es

---

[214] Eph 6,17; Hebr 4,12 | [215] Jes 58,1; Ez 33, 7; 2Tim 4,2 | [216] 1Petr 1,23

nicht in Abrede stellen wegen dieser klaren Schriftstelle und diesen ewigen Verständnisses Christi, mit dem sowohl die Schriften des Alten wie des Neuen Testaments übereinstimmen. Darum sollt ihr Gott bitten, er möge euch noch mehr zu erkennen und ins Herz geben.»

Wir sollen uns nicht unterstehen, unsere Gnädigen Herren an die Stelle des Papstes zu setzen, der die Gewissen gemeistert hat! Das hiesse, sich zu sehr auf unsere Gewalt und auf die weltliche Obrigkeit stützen.

Dass sich kein Pfarrer den gemeinen Mann zum Anhänger machen soll
Das 28. Kapitel

Andere reden viel zu scharf gegen die Herrschaft, besonders in deren Abwesenheit, wenn es ganz unnötig und nutzlos ist. Ist diese aber zugegen, und es soll die Wahrheit bezeugt werden, dann schmeicheln sie plump und liebedienern. Das tun sie, um sich selbst den gemeinen Mann anhängig zu machen. Der hört es gern, wenn man andere Leute, vorab die Obrigkeit, lästert und beschimpft.

Kurz, keines von beiden ist recht. Es gebührt einem Diener Christi, sich weder Untertanen noch Obrigkeiten zu unterwerfen, noch sich selbst für etwas auszugeben. Vielmehr ist es die Pflicht und Schuldigkeit der Prediger und Diener am Wort, Gottes Bau zu fördern[217] und die Gläubigen ohne alles Ansehen ihrer eigenen Person ganz ihrem Herrn Christus zuzuführen. Wir wollen aber – leider! – [immer nur] die Lieben sein und von niemandem gehasst werden. Das hat, so sehen wir, Paulus nicht getan. Dem war es «ein Geringes, von den Korinthern oder von einem menschlichen Tag gerichtet zu werden» [1Kor 4,3]. Darum hängt alles daran, dass die Prediger mehr auf Gottes ewigen Rat[218] sehen und aus Gottes Mund

---

[217] 1Kor 3,9; Eph 2,21f | [218] Eph 1,11

reden, was am jüngsten Tag vor dem wahrhaftigen Richter bestehen kann[219], als was der gegenwärtigen Welt gemäss und angenehm ist und die fleischlichen, geilen Ohren gar freundlich herbeikitzelt. Wo des Redners Herz aufrichtig ist, da geht es richtig zu, da hält man Ordnung. Seine vornehmste Sorge ist, wie nur Christus beim inwendigen Menschen[220] gross wird und herzliche Frömmigkeit bei der Gemeinde Gottes sich findet. Dementsprechend ermahnt er zu den Tugenden, tadelt auch zuletzt, aber nicht strenger, als der Geist Christi in ihm ihn treibt[221] und er den Christus selbst erfahren und ihn zuvor mit Worten vor Augen gestellt hat. Darum wollen wir sehr bitten, der Herr möge rechte Arbeiter in seinen Weinberg senden[222].

Wann man Schärfe oder Milde gegenüber dem Sünder anwenden soll
Das 29. Kapitel

Es kommt oft vor, dass Strenge vonnöten ist – und ab und zu ist besondere und freundliche Ermahnung anzuwenden. Jetzt verschont man, jetzt greift man mit Schärfe an: beides um Gottes Willen. Samuel wollte den Saul, den Gott verworfen hatte, nicht der Schande preisgeben vor dem Volk[223]. Elija aber schalt und strafte Isebel samt allen Baalspfaffen öffentlich mit aller Schärfe[224]. Ein jeder tat das ihm von Gott Befohlene, und doch ist der eine mild, der andere sehr herb und streng – und das beide gegen verworfene Sünder.

Was einem jeden zu jeder Zeit geziemt, kann nicht gut in Regeln gefasst und nach der Vernunft berechnet werden. Es gehört ein geistliches Urteil dazu[225]. Das wird sich wohl einstellen, wenn wir uns von Herzen danach sehnen, den Willen Gottes zu tun, Johannes 7,[17].

Dies Begehren erhört Gott und gibt, was jeweils nötig ist, gleichgültig, welche Gefahren daraus erwachsen sollten.

[219] Mt 12,36 | [220] Eph 3,16f | [221] Röm 8,14; 2Petr 1,21 | [222] Mt 9,38 par | [223] 1Sam 15,30 | [224] 1Kön 21,20–23 | [225] 1Kor 2,13

Ermahnung an die Obrigkeit zu Bern, unsere Gnädigen Herren
Das 30. Kapitel

Apostrophe

Wo nun gegen Euch, Gnädige Herren, und Eure eigene Person oder auch gegen die Vögte und Beamten im Land etwas Hitziges und Hochmütiges geredet würde, wird es Euch sehr zu Ehre und Ruhm gereichen, wenn Ihr das gar nicht so schwernehmt. Nehmt vielmehr zu Herzen, in wessen Befehl und Namen der Pfarrer oder Prädikant redet! Er trägt nämlich das Wort Jesu Christi vor als ein Bote und Gesandter seines Herrn, von dem es für gut zu nehmen ist. Gott will die Weisheit unserer Welt auf vielerlei Weise brechen[226], zu Zeiten auch durch einen einfältigen und ungelehrten Menschen, solch einen unbedeutenden Dorfpfarrer. Da leistet Ihr Glaubensgehorsam, wenn Ihr das mit aller Geduld ertragt als etwas, das Euch von Gott zur Besserung geschieht.

Euer Gnaden soll auch nicht so bald Gedanken bereiten, es könnte Eurer Autorität vielleicht zu viel angetan werden. Denn so ist es mit unserer Natur bestellt: Ein jeder gibt sich selbst in seinem Mangel gern recht. Tadel dagegen, auch wenn er verdient und berechtigt ist, nimmt er nur mit Verdruss an. Niemand will gern unrecht haben. Ausserdem ist die Obrigkeit in grossem Nachteil ihres hohen Standes wegen. Denn nahezu jedermann schmeichelt ihr ins Angesicht und sagt, was sie gern hört. Im Herzen aber meint es nicht jeder so wohl und gut, wie die Worte vorgeben, ja wünscht hier und da Arges und will es ihr wieder antun. Darum «ist öffentlicher Tadel besser als heimliche Freundschaft»[227]. Und: «Eine Wunde von Freundeshand bringt bleibenden Nutzen, die Küsse eines Feindes aber Verderben». Es gilt in allen Dingen auf das Herz des Redners zu sehen. Denn wirklich: Viel besser ist

---

[226] 1Kor 1, 19 | [227] Spr 27,5

ein Lästerer, der zu Unrecht die Obrigkeit in ihrer Gegenwart anklagt, als ein Freund, der zu allem Tun ja sagt. Dieser nämlich bewirkt bei ihr eine falsche Sicherheit in ihre Taten, jener aber wachsame und klare Augen, so dass die Herrschaft umsichtiger ist und umso aufrechter handelt. Wie ehrenvoll ist es, wenn eine Obrigkeit grossmütig geringachtet, was gegen sie geredet wird, und nicht jede Sache, wer weiss wie, übelnimmt! Und sollte der öffentliche Friede und die Wohlfahrt des Staates es doch erfordern, einem frevlen Menschen Einhalt zu gebieten –: wenn dies dann mit Mass und eindringlicher Freundlichkeit geschieht und mit der aufrichtigen Erklärung, man sei eher geneigt, einen zu rau tadelnden Menschen zu ertragen als einen stummen Hund! So nennt ja der Prophet denjenigen, der zum Laster stillschweigt[228].

Dies sagen wir nicht, weil uns etwa der Übermut und das Trotzen grober Leute gefällt. Aber die Wahrheit beisst und hat immer ihre Schärfe. Auch muss ein armer Pfarrer schliesslich zukünftigem Unheil entgegentreten, das andere noch nicht voraussehen und nicht glauben, dass es kommt. Darum ist es notwendig, dass Euer Gnaden in der Annahme des Tadels und der Warnung zur falschen Zeit langmütig und nicht, wie man sagt, zu kurz angebunden sind. Es sei denn, Falschheit und böser Wille fliessen mit ein: da ist Strafe nur billig! Ihr werdet schon wissen, Euch darin recht zu verhalten. Nun wollen wir hauptsächlich von unserer Besserung sprechen. Davon folgt im Weiteren.

Worin das Volk in der Hauptsache zu ermahnen und zu tadeln ist
Das 31. Kapitel

Man kann Christus nicht lehren, ohne den Irrtum und die Laster aufzuzeigen und zu tadeln sowie zur Erkenntnis und Recht-

---

[228] Jes 56,10

schaffenheit zu mahnen, die aus wahrem Herzen kommen. Das soll beim Tadeln und Ermahnen das Wichtigste sein. Hinsichtlich der äusseren Belange lässt sich unser Anliegen im folgenden Punkt zusammenfassen:

Dass man Gehorsam gegenüber der Obrigkeit predigen soll sowie: Weltliches und geistliches Regiment
Das 32. Kapitel [a]

Erstens: Von Natur aus sind die Untertanen gegen ihre Obrigkeit und die Armen gegen die Reichen aufrührerisch, ungehorsam und widerwillig. Zwietracht aber steht der christlichen Liebe ganz entgegen, und diese Liebe ist die Farbe der Christen[229] an der sie erkannt und von der verderbten Welt unterschieden werden. Darum ist eifrig darauf zu achten, dass die weltliche Obrigkeit in ihrer Bedeutung, wie sie Gott eingesetzt hat, geachtet und dem unverständigen Volk eingeprägt wird: Sie ist von göttlicher Gewalt und zu fürchten, auch um des Gewissens willen, Röm 13,[1–5]. Zwar nämlich ist ein Christ gelassen und «aller Kreatur unterworfen»[230]. Dennoch aber ist sogar in der Kirche der Apostel dieser Irrtum eingerissen: Die frommen Leute meinten, weil ihre Bürgerschaft im Himmel sei[231] und sie keine bleibende Statt auf Erden hätten, sondern der zukünftigen eifrig warteten[232], darum ginge sie nichts an, was die weltliche Obrigkeit unternimmt. Sie hätten mit ihr nichts zu schaffen. Das aber bedeutete ein Auseinanderreissen der Ordnung Gottes, die zweierlei Regiment unter den Menschen führt: Das höhere und grössere ist geistlich und himmlisch. In ihm ist Christus, dem allein die Ehre zusteht, durch seinen Geist alleiniger Herr[233]. Äusserlich dienen diesem die Diener des Geistes und rechten christlichen Prediger.

---

[229] Joh 13,35 | [230] 1Petr 2,13 | [231] Phil 3,20 | [232] Hebr 13,14 | [233] Eph 4,5

Das kleinere und geringere Regiment ist weltlich. In ihm sind unsere Gnädigen Herren und andere Obrigkeiten landauf, landab von Gott als Herren eingesetzt. Unter beide gehört der Christ: Seines Gewissens wegen unter das geistliche, mit dem keine andere Kreatur etwas zu schaffen hat, denn Gott richtet es allein. Seines Leibes und Gutes wegen aber gehört er unter das Schwert und äusserliche Verwaltung. Ein Christ ist wohl himmlisch, aber nicht ganz, solange er die irdische Wohnung, den vergänglichen Leib, mit sich herumträgt[234]. Deshalb soll er sich irdischer Ordnung nicht entziehen, obwohl er dieser täglich entwachsen und immer himmlischer werden soll. Denn ein Christ entwächst der Welt[235] und der Obrigkeit durch die Salbung Gottes. Das heisst, sein Herz und seine Begierde hängt ihr [der Welt] und allem weltlichen Tun je länger je weniger an. Dafür soll man sich – vor allem aus biblischen Geschichten – einiger Beispiele bedienen, aus denen deutlich wird: Gott hat auch diejenigen gestraft, die gegen unbillige Könige ungehorsam waren, bis er selber diese [dann] verworfen und abgesetzt hat. Das Beispiel Davids gegenüber dem Saul ist wohl zu bedenken: Gott hatte den abgesetzt. Solange er aber noch König war, hat jener ihn dennoch in Ehren gehalten und verschont[236].

Zehnt und Zinsen:
Wie sie zu geben und zu nehmen sind
Daraus folgt: Man ist es schuldig, den ordentlichen Zehnten zu geben. Denn das ist eine äusserliche Ordnung und der Liebe nicht entgegengesetzt. Das wird aus der Geschichte Josefs deutlich, der das ganze Land Ägypten zinsbar machte, so dass sie dem König von allen Gütern den fünften Teil geben mussten[237]. Des Weiteren ist das [auch] aus dem 13. Kapitel des Römerbriefs [6f] zu erläutern. Gibt es doch keinen gerechteren Zins als den

---

[234] 2Kor 5,1 | [235] Kol 3,2 | [234] 1Sam 24 | [237] Gen 41,34

Zehnten, bei dem beide, Geber und Nehmer, auf den Segen Gottes sehen müssen und nehmen und geben, wie es gewachsen ist, zu gleichem Gewinn und gleichem Verlust. Bisweilen wird in Sachen Zins nicht Mass gehalten. Da steht es der Obrigkeit zu, für Besserung zu sorgen. Die Pfarrer sollen sich nicht so bald darauf einlassen, denn es gehört nicht zu ihrem eigentlichen Amt und bringt die Veränderung der allgemeinen Landesordnung mit sich. Die aber kann ohne reichliche Erfahrung und lange Vorberatung weiser, erfahrener Leute nicht vorgenommen werden, es sei denn, dass offenkundige Unbilligkeit vorliegt, wie man beim Korn- und Weinzins an einigen Orten sieht. Jeder Pfarrer soll also dazu ermahnen, soweit dies seine Zuhörer betrifft: Es ist kein Unrecht, Unbilliges zu geben. Aber etwas Unbilliges einzunehmen, ist Sünde und gegen Gott.

Zu beachten ist diese alleinige Regel: Es soll nach der Liebe gehandelt werden und jeder das dem anderen tun, was er von ihm im gleichen Fall gern und dankbar annehmen würde[238].

Dabei soll man genau unterscheiden, dass solche Dinge – wie auch Kaufen und Verkaufen der Ware und Handarbeit wie Weben, Schustern und ähnliches – unter die äussere Ordnung gehören. Sie sollen alle einigermassen nach der Liebe[239] geregelt werden und gehören nicht unter das lautere und reine Evangelium, das allein die Gewissen angeht. Im wahren Christentum aber, das von innen heraus selber willig ist, dem Nächsten zu dienen, da leiht man aus, ohne etwas dafür zu erhoffen[240] – ja man besitzt gar nichts als Eigentum. Darin soll jeder seinen Geist wohl in acht nehmen und nicht aus fleischlichem Eifer handeln, indem er äusserlich hingibt, was er noch mit dem Herzen besitzt. Ananias [!] soll zuerst das Herz räumen, dem Säckel wird danach

---

[238] Mt 7,12 par | [239] 1Kor 16,14 | [240] Lk 6,34f

schon Rat werden[241]. Darin haben die armen Täufer gefehlt: Sie tun das äussere Regiment ab – ohne es zu wissen, soviel an ihnen ist – und zwingen und nötigen einander, «Haus, Hof, Weib, Kind, Vater und Mutter zu verlassen» [Mk 10,29 par] gegen Gottes Ordnung. Der will, dass wir auf seinen besonderen Ruf warten und nichts von uns selber unternehmen. Vor allem aber sollen wir seine Liebe über alle Dinge stellen und dadurch Christus Jesus ohne äusseren Zwang annehmen. Der fliesst aus dem Herzen ins Werk und wirkt nicht von aussen hinein, wie es bei der Ordnung des Mose gewesen ist.

Dass wir zum Einhalten der Mandate unserer Gnädigen Herren ermahnen und besonders die Laster tadeln sollen, die in unserer Gemeinde am meisten verbreitet sind
Das 32. Kapitel [b]

Unsere Gnädigen Herren haben die Reformation und verschiedene Mandate und Verbote betreffend christliche Zucht und Sitten erlassen. Wir, die Pfarrer und Prädikanten, sollen eifrig über diese wachen. Wir sollen auf die Billigkeit dieser Gebote und Verbote hinweisen und darauf, dass schon vorher die [heilige] Schrift sie verboten hat. Auch, dass bei ehrbaren Heiden solche Laster nicht geduldet waren wie Ehebruch, Hurerei, Kuppelei, Zu- und Sichvolltrinken, Spielen, Fluchen, Schwören[242] und vor allem: fremden Herren zulaufen, für Geld Krieg führen und helfen, Witwen und Waisen zu machen. Das ist gegen alle Vernunft und Billigkeit und auch bei den verworfenen Heiden nie für ehrenhaft gehalten worden.

Wir sollen auch die Obrigkeit eifrig zum Schutz dieser Gebote ermahnen und sie an ihr Amt und ihre Pflicht gegenüber Gott erinnern.

---

241 Apg 5,3 | 242 Gal 5,19–21

Ferner sollen wir Pfarrer den Zustand und die Begierde unseres Volkes bedenken und versuchen, dieses durch unseren Dienst auf Gott durch Christus auszurichten. Denn nicht alle Laster sind bei jedem vertreten, und schliesslich bringt die Veränderung der Zeit auch eine Änderung der Sitten und Sünden mit sich. Das kann jeder aus dem täglichen Umgang und persönlichen Gespräch mit den Pfarrkindern unschwer in Erfahrung bringen. Es soll jedoch überall die Rede sein vom Ehestand, der Kindererziehung, brüderlicher Ermahnung und gegen die allgemeinen Laster, die allem Fleisch anhaften: zum Beispiel Untreue, Neid, Hass, Lügen und Trügen und was solche Werke der Finsternis[243] sind. Die Behandlung dieser Punkte soll ein jeder mit viel Bedacht, Kenntnis und Unerschrockenheit vornehmen.

Die Erziehung der Jugend und die Glaubenslehre oder: der Katechismus
Das 33. Kapitel

Was man in der Jugend lernt, wird ohne grosse Mühe wohl und recht gelernt; die absteigenden Jahre sind zu allen Dingen ungeeignet. Auch ist es gut, des Herrn Joch von Kindheit an zu tragen[244]. Zudem sind es die Christen schuldig, ihre Kinder dem Herrn in seinen Tod besonders aufzuopfern. Sonst wachsen diese leider in weltlicher Begierde und unter des Teufels Gewalt auf. Deshalb ist es notwendig, einen Katechismus und eine Glaubenslehre einzurichten. In ihr sollen die einfältigen Leute und besonders die heranwachsenden Kinder Gott fürchten und lieben lernen durch Christus Jesus. Dies [soll] nicht mit weitläufigem Heranziehen der Schrift, sondern aus dem gewöhnlichen apostolischen Glaubensbekenntnis und dem Unservater [geschehen]. Darüber sind ja viele Büchlein erschienen. Am fruchtbarsten jedoch wäre es, wenn wir

---

243 Röm 13,12; Eph 5,11 | 244 Klgl 3,27

allein darauf all unseren Fleiss wendeten, dass Christus zuvor in unseren eigenen Herzen aufginge[245] und lebte[246]. Dann würde unser Feuer gar bald die zarten Gemüter der Kinder erwärmen. Was aus den Büchern sonst die Vernunft begreift und andere Leute lehrt, ist und bleibt Menschenwerk, bis der Meister, der heilige Geist, selbst zum Wirken kommt: Der schafft, erneuert und wiedergebiert zum himmlischen, ewigen Leben[247].

Es scheint uns auch notwendig, dass wir den ganzen Christus und das Handeln Gottes aus dem Apostolischen Glaubensbekenntnis verstehen und den einfachen Leuten deutlich darstellen können, wie das rechtschaffene Gebet in den Worten des Unservaters ganz und gar, deutlich und ausführlich enthalten ist. Darum übertrifft dies alle Psalmen und alle Gebete der Kirchenväter aus allen Zeiten.

Die Zehn Gebote
Das 34. Kapitel

Obwohl die Sünde im Leiden und Sterben Jesu Christi aufs Lebendigste erkannt und bereut wird, ist es dennoch gut und vernünftig, dass die Kinder die Zehn Gebote kennen. Diese sollen von den Pfarrern in der Glaubenslehre aufs Herz gedeutet werden, wie das der Herr in der Bergpredigt getan hat, Mt 5; 6; 7. Mit und in ihren Herzen, auf denen Gottes gewaltiger Blick ruht, lernt so die Jugend mit Gott verkehren. Wollte doch Gott, der Allmächtige, dass die Alten sich nicht schämten, in aller Gelassenheit dieser Unterweisung und Glaubenslehre mit und unter den Kindern beizuwohnen[248]! So würden wir doch einmal rechte Christen und liessen die Sache nicht bloss bei Worten bewenden.

---

[245] 2Petr 1,19 | [246] Eph 3,17 | [247] 1Petr 1,3f | [248] Eph 6,4

Das Glaubensbekenntnis, das Unservater und die Zehn Gebote
Das 35. Kapitel

Das, worum es im Glauben geht, ist klar enthalten in diesen drei Stücken: dem Glaubensbekenntnis, dem Unservater und den Zehn Geboten. Das Glaubensbekenntnis lehrt Gott und Christus und zeigt an, wie die Gnade und das Leben ankommt, aufwächst und vollendet wird. Das Unservater ist das wahre christliche Gebet und der Wasserkrug oder -eimer, mit dem aus dem Gnadenbrunnen – aus Jesus Christus! – diese Gnade geschöpft und ins Herz gefasst wird[249]. Denn «wer bittet, der empfängt» [Mt 7,8], und ohne das Gebet ist das Angebot der Gnade vergeblich. Das Gebet schliesst das Herz auf und macht es weit, damit es die Gnade annehmen und fassen kann. Die Zehn Gebote aber sind eine äusserliche Übung, durch die das Fleisch gedemütigt wird. So kann es seine Sünde desto besser bedenken und im Gedächtnis behalten. Doch müssen die Gebote zuvor in und aus Christus verstanden werden, wenn es eine nützliche Sündenerkenntnis sein soll. Wer über die Gebote nachdenkt, der soll zugleich bedenken: Um dieser seiner Sünde willen ist der unschuldige Christus nach Gottes Anordnung gestorben[250].

So sind das Glaubensbekenntnis, das Unservater und die Zehn Gebote die Bibel der Laien und Kinder. Das ganze Christentum ist in ihnen zusammengefasst. Darum ist es nicht nötig, die Kinder und einfachen Leute mit den Sakramenten wie Taufe und Abendmahl samt dem Wort der Ermahnung zu beschweren. Was diese tun, ist ja nichts anderes als dies: Sie stellen den Seelen der Gläubigen das Geheimnis – Gott im Menschen![251] – vor Augen und rufen es in Erinnerung. Im besten Fall mögen sie dazu dienen, diesen unseren alleinigen Christus zu verstehen,

---

[249] Joh 4,14 | [250] Röm 4,25; 1Kor 15,3 | [251] 1Tim 3,16

der mit aller seiner Kraft und Wirkung aufs Zutreffendste in den erwähnten drei Stücken ausgedrückt ist. Sonst macht man Gottes Werk zu schwer und belädt es mit zu vielen Worten. Der brave Laie verzweifelt dann daran und bekommt den Eindruck, es sei ihm unmöglich, dies zu verstehen und zu lernen. Dabei ist wohl zu merken, wie der Sohn gar herrlich bekennt: «Diese unbegreifliche Gnade ist der Weltweisheit verborgen und den Geringen und Unverständigen offenbart» [Mt 11,25]. Darum sollen wir uns den einfachen Leuten anpassen und verständlich machen, soweit immer möglich, und sollen nicht neue Artikel nach eines jeden Erkenntnis aufstellen.

Leben und Frömmigkeit der Prediger und Pfarrer im Allgemeinen
Das 36. Kapitel

Noch immer ist wahr, was der Prophet sagt: «Wie der Priester, so ist das Volk, und wie das Volk ist, so ist der Priester» [Hos 4,4.9]. Wenn nämlich Gott es mit einem Volk gnädig meint, sendet er ihm tüchtige Propheten und treue, weise «Haushalter der Geheimnisse Gottes»[252], durch die dem ganzen Volk Heil widerfährt. Darum soll das Volk sich selbst die Schuld zumessen, wenn es mit uns nicht so versehen ist, wie es sein sollte. Ebenso haben wir uns über niemanden zu beklagen als über uns selbst, dass unser Volk so ungezogen, halsstarrig und der Wahrheit so ungehorsam ist[253]. Denn unsere Sünden verdienen das. Wären wir nur fleissige Ackerleute[254] und Gehilfen Gottes[255], dann gäbe es überall fruchtbare Herzen, die die Gerechtigkeit Gottes hervorbringen[256]. Deshalb soll ein jeder wohl darauf achten, dass er an sich selbst die Eigenschaften hat, die Gott bei den Richtern unter Mose fordert, nämlich: Sie sollen «weise, verständig und bei den Stämmen bekannt sein, un-

---

[252] 1Kor 4,1 | [253] Röm 2,8 | [254] 1Kor 3,9 | [255] 2Kor 6,1 | [256] Phil 1,11

erschrockene und wackere Männer, gottesfürchtig, wahrheitsliebend und Feinde des Geizes» [Ex 18,21f; Dtn 1,13]. Diese Gaben und Gnaden sollen auch an uns hervortreten. Denn wie jene im weltlichen, so sind wir im himmlischen Reich Gottes Diener der Gemeinden[257]. So soll unsere Wahrheit in Christus nicht geringer sein als es der Schatten und die Vorabbildung jener unter Mose gewesen ist[258]. Wir meinen aber die Weisheit und den Verstand, der aus dem Kreuz Christi fliesst, und dasjenige Zeugnis und die Gunst bei den Gläubigen, die nicht durch Fleisch und Blut, sondern durch die Früchte des Geistes[259] und Werke der Liebe erlangt werden. Denn Paulus «kennt niemanden mehr nach dem Fleisch» [2Kor 5,16] Das sollte auch bei uns und unseren Gemeinden so sein: Sie sollen nicht fleischlich gesinnt sein[260]! So sieht man nicht auf die Kühnheit des Handelns und der Worte, sondern auf beharrliche Geduld und tätige Liebe, die aus einem unverfälschten Glauben kommt[261]. Dieser bringt Christus, die Wahrheit selbst, mit sich und schliesst allen Geiz, ja alle Begierden des Herzens aus. Dahingehend ermahnt uns auch Petrus: «Weidet die Herde mit bereitwilligem Gemüt, nicht als solche, die über das Erbe herrschen, sondern werdet Vorbilder der Herde», 1. Petrus 5,[2f]. Daran hat sich Paulus gehalten und auf sich als ein Vorbild und gutes Beispiel verwiesen, insoweit er Christus nachgefolgt ist[262]. Auf dies unser Beispiel zu sehen, soll das Volk ermahnt werden, vorausgesetzt, Lehre und Tun – also Herz, Mund und Hand – stimmen überein. [So auf uns zu weisen,] ziemt sich leider für uns zurzeit noch nicht allzu sehr, denn wir selbst sind in geistlichen Dingen und christlichen Taten noch nicht besonders erfahren. Unser Beispiel aber wird besser werden, wenn wir unserem Amt in der Kirche recht vorstehen und bei uns und unserem Hausgesinde als züchtig, rechtschaffen und ehrbar erfunden werden[263]. So wollen wir erstens über unser Amt das Folgende ausführen:

---

[257] 1Kor 3,5 | [258] Hebr 8,5 | [259] Gal 5,22 | [260] Röm 8,5 | [261] 1Tim 1,5 |
[262] 1Kor 11,1; Phil 3,16f | [263] 1Tim 3,4

Wie die Pfarrer studieren und die heilige Schrift lesen sollen
Das 37. Kapitel

Die heilige Schrift macht also «weise zur Seligkeit durch den Glauben an Christus Jesus. Denn alle Schrift, von Gott eingegeben, ist nütze zur Lehre, zur Strafe, zur Besserung, zur Züchtigung in der Gerechtigkeit, dass ein Mensch Gottes sei ohne Mangel, zu allem guten Werk geschickt» [2Tim 3,15–17]. Darum wird für nötig erachtet, dass wir die Schrift eifrig lesen und zwar in folgender Ordnung: Bevor wir die Bibel zur Hand nehmen, beginnen wir mit einem Gebet, das wahrhaftig und geistlich sein soll[264]. Dies Gebet des Geistes ist von der Art, dass der heilige Geist den Beter treibt[265], zunächst Gott aus grosser Liebe zu danken für empfangene Wohltat. Daraus erwachsen Trost und starker Glaube. Danach drängt er [der Geist] ihn zu bitten, der Herr möge ferner Not, Mangel und fehlende Weisheit von uns nehmen, die uns immer noch schrecklich drücken. Daraus entsteht eine Begier und Inbrunst, die der Herr Hunger und Durst nach der Gerechtigkeit[266] nennt. Denen folgt stets die Sättigung und wahrhaftige Seligkeit. Damit ist offensichtlich: Das Gebet ist ein Ausleeren und Vorbereiten des Herzens, damit der Mensch den Sinn und Ratschluss Gottes, der im Buchstaben verborgen liegt, fassen und behalten kann. Sonst wird man ohne Andacht die heilige Schrift wie eine weltliche Historie lesen und nur die Vernunft darin üben. Das wiederum bringt nichts anderes hervor als aufgeblasene, fleischliche Weisheit[267], die hernach der armen Gemeinde als aus Gott und dem Wort Gottes aufgeredet wird. Darum heisst es wohlweislich im Jakobusbrief: «Wenn jemand unter euch an Weisheit Mangel hat, der erbitte sie von Gott, der ohne weiteres gibt usw.», Jakobus 1,[5].

---

[264] Joh 4,23 | [265] Röm 8,26 | [266] Mt 5,6 | [267] 2Kor 1,12

Ist nun das Gebet aus bussfertigem, dürstendem Herzen geschehen, so soll das Buch aufgeschlagen und gründlich gelesen werden als Gottes Wort – das es ja wahrlich ist! – und nicht als Menschenwort[268]. Dabei soll man so lange in jener Inbrunst des Gebetes verharren, bis es sich findet, dass ein wenig göttliche Erkenntnis von oben herab[269] einfliesst. Diese anzunehmen, ist der Leser verpflichtet, und er soll sofort daran denken, dass in ihm [dem Buch] der heilige Geist zu seiner «Strafe und Besserung» redet. Das heisst, der Leser soll ganz abgeschieden von allen Kreaturen mit blossem und ergebenem Gemüt zwischen sich und Gott allein handeln. Er soll nicht darauf achten, was er dem Volk sagen, sondern wie er selbst von Gott noch mehr Licht und Erkenntnis bekommen möge.

Dabei muss sich der Leser selber andere Schriftstellen samt seiner bisherigen Glaubenserfahrung vergegenwärtigen, die seinem augenblicklichen Verständnis zu widersprechen scheinen. Er muss um ihren Ausgleich bitten und hierin so beharrlich bleiben, bis die Wahrheit eben dieser Schriftstelle ganz bis ins Herz leuchtet. Darauf soll dann ein gelassenes Danksagen und die fleissige Betrachtung der empfangenen Erkenntnis folgen.

Erst jetzt soll man die Bücher und Kommentare, die zu unseren Zeiten und früher geschrieben wurden, zur Hand nehmen und mit dem von uns erlangten Verständnis vergleichen. So kann man sie cum iudicio, mit Verstand, und «zur Besserung» recht lesen. Ach, was für eine Freude ist es, wenn jemand entdeckt, dass Gott ihm auch etwas gegeben hat, mit dem die Gaben anderer Leute übereinstimmen, oder gar, was vielleicht andere noch nicht erlangt haben! Er wird sich deswegen nicht überheben, da er es doch von Gott erbeten hat, und weiss wohl, was folgt, wenn er in eitlen Ehrgeiz verfiele. Es ist auch gut, die jeweiligen Gedanken aufzuzeichnen und mit Späterem zu vergleichen. Denn auf dem Weg Gottes muss immerfort

---

[268] 1 Thess 2,13 | [269] Jak 3,15

gekämpft werden. Zudem ist das Gedächtnis schwach. So tut es gut, für alle Fälle etwas davon in Vorrat zu haben. Dieser Brauch macht unsere Herzen Gott dem Herrn zu einer Rüstkammer, in der solche geistlichen Waffen gegen «die listigen Anfechtungen des Teufels» verborgen sind[270].

Dass man die Schrift freundschaftlich miteinander vergleichen soll
Das 38. Kapitel

Dazu wäre eine grosse Hilfe, wenn wir willig und bereit wären, uns über die Schrift und unser Verständnis auszusprechen und diese miteinander zu vergleichen – vorab ein jeder mit seinem Nachbarn, der auch gottesfürchtig und begierig ist, weitere Erkenntnis unseres Herrn Jesus Christus zu erlangen. Von dieser Art sollten alle unsere Reden und freundlichen Gespräche mit allen Menschen sein: Denn Gottes Ehre und das Reich Christi sind unser höchstes Anliegen[271]. So war es bei den Alten Brauch, und im Anfang der Wiederherstellung des Evangeliums in unserer Zeit haben wir selbst es auch aufs Geflissentlichste so gehalten: Wir haben mit jedermann über unser Evangelium gegen den Papst disputiert. Doch ist sehr darauf zu achten, dass wir nicht bissig und jähzornig sind und nicht stur, wie Leute, die nur ihre eigene vorgefasste Meinung verfechten und behaupten wollen. Denn wer bei einem anderen etwas von Christus und seinen Gaben findet – es sei so klein, wie es wolle! –, der soll dafür Gott danksagen und schonend verfahren: Er soll dieser Gabe hervorhelfen und die Geister nicht auslöschen[272]. So kommt ein gelassenes Herz zu grosser Erfahrung göttlicher Wirkungen. Auch dienen solche Gespräche dazu, dass wir desto geschickter werden, mit unseren Untertanen und denen, die uns widersprechen, umzugehen. Denn das geschieht doch von Kindern Gottes auf ganz

---

270 Eph 6,11 | 271 Mt 6,33 | 272 1Thess 5,19

andere Weise[273], als wie Fleisch und Blut in irdischen Dingen seine Widersacher sonst einfach niederwerfen.

Wie die Predigt bedacht werden soll
Das 39. Kapitel

Will man predigen, so pflegt man geschriebene Predigten und Kommentare zu lesen und rasch so viel herauszupicken, bis es genug sein dürfte, eine Stunde damit zu vertreiben. Dabei wird wenig darauf geachtet, was die anwesende Gemeinde in unserer Zeit aufbaut oder nicht. Daher kommt es, dass man für Gott so wenig ausrichtet, das Bestand hat. Wir sollen und wollen einander gern dazu ermahnen und fördern, dass ein jeder selber die Schrift meditiert und sie, wie gesagt, selber zu seiner eigenen Besserung ausführlich durchkämmt. Darauf soll er sich den Zustand seiner Kirche vor Augen führen, sein Verständnis auf diesen anwenden und schliesslich nicht den zehnten Teil von dem sagen, was ihm Gott über diesen Schrifttext gegeben hat. Denn alle Dinge sollen zur Besserung der Gemeinde geschehen[274]. Es geht hier nicht darum zu zeigen, wie scharfsinnig oder geistreich man ist. Denn wir sollen mit ganzem Herzen Gottes Ehre im Heil der Kirche durch Christus suchen – nichts anderes sonst.

Darum wird es nicht nötig sein, weitläufige Regeln vorzuschreiben. Die Wahrheit selbst steht in den Herzen [geschrieben], die Liebe Gottes teilt diese aus. So würde niemandes Fleisch verschont, niemand mit Bitterkeit ohne Ursache verhöhnt, das anwesende Volk würde erbaut, die draussen Gott befohlen. Auch gäbe es nicht so viel Zank, wie leider jetzt hier und da der Fall ist – im Vorhergehenden war schon ausführlicher davon die Rede. Gott wolle das bei uns allen bessern! Amen.

---

[273] Phil 2,15 | [274] 1Kor 14,12

Weltliche Bücher sind mit Mass zu lesen
Das 40. Kapitel

Doch mögen auch weltliche Bücher, namentlich Geschichtsbücher, gelesen werden. Dies soll aber wählerisch und kritisch geschehen sowie im Bewusstsein, dass sie zur Übung der Vernunft und zur Verdeutlichung der fleischlichen Art dienen. Im Wesentlichen aber taugen sie weder zur Besserung unseres eigenen Herzens noch zur Förderung der Gemeinde. Darum soll alle Lehre, Mahnung, Strafe und Besserung aus dem Geiste Christi und göttlicher Schrift geschöpft werden, obwohl es auch vorkommen mag, dass man hier und da mit kurzen Worten eine heidnische Geschichte vor der Gemeinde heranzieht. Wir hoffen aber, dass ein jeder bedenkt: Er ist «Haushalter der Geheimnisse Christi» und Diener seines Geistes[275]. Darum soll er sich mehr der geistlichen als der fleischlichen Schrift bedienen. Obwohl leider die Pfarrer im Land nicht allzu fleissig [im Lesen der Schrift] sind, halten wir diese Warnung nicht für unbegründet.

Wie die Predigten gehalten werden sollen
Die Predigt soll mit grosser Herzlichkeit und inbrünstiger Liebe zu unseren Zuhörern gehalten werden: zur Besserung und Auferbauung in Gott, wie sie bei Frommen stattfindet. So nämlich hören die Schafe Christi die Stimme ihres Herrn, des wahren Hirten. Den erkennen sie, dem folgen sie nach[276]. Durch grob unwirsches Dreinfahren aber werden die sanften Herzen nur verbittert und verwüstet. Dann entstehen durch unsere Predigt nur gereizte, feindselige, aufrührerische und schädliche Leute. Dabei wollen wir aber nicht rühmen, sondern entschieden verwerfen, dass einige «den Fuchs nicht beissen wollen», sondern mit Fleiss mehr das reden, was man gern hört, als was auferbaut. Diese meint

---

[275] 1Kor 4,1 | [276] Joh 10,4.27

der Spruch: «Wenn ich den Menschen zu gefallen begehrte, wäre ich nicht Christi Diener» [Gal 1,10].

Dass man alle Predigttage einhalten soll
Das 41. Kapitel

Unsere Gnädigen Herren haben in der Reformation [im Reformationsmandat] geboten, dass jeder Pfarrer am Sonntag, Montag, Mittwoch und Freitag predigen soll. Wir haben uns aber zuweilen entschuldigt, wir könnten keine Zuhörer bekommen. Da ist für gut befunden worden: Jeder soll sich so viel wie möglich bemühen, die genannten Predigttage einzuhalten, auch wenn vielleicht nicht mehr als ein oder zwei Menschen zuhören. Es war dem Herrn ja auch nicht zu viel, mit dem einen samaritanischen Weiblein beim Brunnen zu reden[277]. Wie sollte es da einem Diener Christi zu viel sein, von seinem Herrn ihm zu Ehren auch mit den geringsten Personen auf Erden zu reden? Ist doch bei Gott kein Ansehen der Person[278], und eine gläubige Seele gilt bei ihm mehr als alle Welt[279]. Auch kann diese Rede am Werktag nicht auf der Kanzel, sondern unten geschehen und möglichst einfach. Dass wir es aber so gern unterlassen, beweist, wie wenig doch uns an Gottes Ehre gelegen ist, oder dass wir mehr auf den grösseren Haufen als auf das kleine Häuflein und die frommen Herzen sehen. Denen zu helfen, sollte doch immer unser Anliegen sein! Daneben gibt es viele Brüder, denen gefällt es, jeden Tag zu predigen. Deren Fleiss rühmen wir, denn er ist Zeichen eines guten Eifers.

Nun gibt es auch viele Pfarrgemeinden, zu deren Kirche mehr als ein Dorf gehört. Da wäre es doch besonders nötig, dass dem armen Volk in den anderen Dörfern unter der Woche gepredigt wird und hier und da am Sonntag einer zwei Predigten hält. Das

---

[277] Joh 4 | [278] Apg 10,34; Röm 2,11 | [279] Mt 16,26

muss in den Pfarrkapiteln behandelt werden, denn die Dinge liegen nicht überall gleich. Doch soll niemand einen fleissigen Pfarrer an der Ausübung seines Amtes hindern dürfen, zumal die Irrenden zu belehren alle Christen, vorab die Pfarrer, verpflichtet sind. Auch sind wir dessen gewiss, wie fruchtbar es ist, sich mit dem Herzen und dem Gebet einem frommen, lieben, einfachen Menschen zuzuwenden und ihm sein Heil durch Christus anzuzeigen. Das ginge sonst – Gott sei's geklagt! – in seiner Unwissenheit zugrunde[280]. Sein Blut aber wird von den Händen des Pfarrers gefordert werden[281], der als ein falscher Hirte das beinbrüchige Tier nicht verbindet[282].

Dass man die Untertanen zum Einzelgespräch aufsuchen soll
Das 42. Kapitel

Weil es unsere Schuldigkeit ist, nichts zu unterlassen, das Volk Gott ganz zuzuführen, genügt es nicht, in der Pfarrkirche oder in allen Dörfern, die gemäss Brauch uns anbefohlen sind, öffentlich zu predigen. Vielmehr sollen wir auch von Haus zu Haus unsere Untertanen fleissig [und] so viel als möglich einzeln im Weg der Seligkeit[283] unterrichten und ihnen die Busse verkündigen. So haben es unsere Vorfahren, die Apostel, getan. Denn die Einzelbelehrung geht viel besser zu Herzen als das, was öffentlich zu jedermann geredet wird.

---

[280] Eph 4,18 | [281] Ez 3,18 | [282] Ez 34,4 | [283] Apg 16,17

Der Krankenbesuch
Das 43. Kapitel

Das vornehmste Amt ist es, die Betrübten zu trösten. Darum sollen wir Pfarrer und Seelsorger – alle, zu Stadt und Land – allen Fleiss daran wenden, dass wir zu den Kranken kommen mögen, solange sie noch bei Bewusstsein und Kräften sind, und nicht warten, bis sie in den letzten Zügen liegen. Dabei soll in der Ermahnung der Kranken nach dieser Ordnung vorgegangen werden: Zuerst sollen wir die Kranken an die göttliche Gnade durch Christus erinnern. Er ist in den Nöten bei den Seinen und will weiterhin bei ihnen sein[284]. Es gilt zu zeigen, wie die wahren Christen auf die Ankunft ihres Herrn[285] und auf die Auflösung oder Abberufung aus dieser Zeit[286] ernsthaft warten. Wo sie das bei sich nicht finden, sollen sie getröstet und auf die Busse gewiesen werden, damit sie darin ihre Eigenliebe und Glaubensschwäche erkennen lernen[!] und den Herrn um Mehrung des Glaubens bitten[287]. So werden sie von uns, die wir Zeugen der Wahrheit Gottes sein sollen, nicht zu einem falschen Vertrauen verleitet.

Danach sind die Umstehenden zu ermahnen, sie möchten in den Schmerzen und Fahrnissen des Kranken auch ihr eigenes Gefährdet-Sein bedenken und Gott auch ihrerseits in der Wahrheit fürchten. Ist doch alles fleischliche Vertrauen[288] ganz und gar eitel und ungewiss. Darum sollen sie bedenken, welch ein Trost es ist in solchen Nöten, einen gnädigen Gott und Christus, den Sohn Gottes, als seinen Verteidiger und Fürsprecher[289] zu haben. Durch Busse, Besserung des Lebens und einen wahren Glauben an Christus erlangen wir ihn. Auch werden viele zu spät kommen, die mit den törichten Jungfrauen den Bräutigam versäumen[290] usw. Darauf soll man miteinander niederknien und für den Kranken um Gnade

---

[284] Ps 34,19 | [285] 2Petr 3,12 | [286] Phil 1,23 | [287] Lk 17,5 | [288] Phil 3,3 |
[289] Röm 8,34; 1Tim 2,5; 1Joh 2,12 | [290] Mt 25,5

bitten[291] sowie über seiner Not die ernstliche Bitte vorbringen um den Beistand der Gnade auch in unserem gegenwärtigen und zukünftigen Übel. Es ist auch gut, wenn einige Schriftstellen vom Leiden und Auferstehen Christi aus Paulus oder den Evangelien und anderen Aposteln gelesen und lebendig erklärt werden usw.

Dieses Vorgehen ist oft nützlicher als zehn öffentliche Predigten, die ohne besondere Aufmerksamkeit der Zuhörer vonstatten gehen.

Ist es doch so, dass die Not sie alle angeht und sie alle nach dem Trost verlangen, den man – ist man an aller irdischen Hilfe verzweifelt – nirgends gewisser findet als im Herrn Jesus Christus[292].

So weit vom Amt der Seelsorger, wie sie diesem vorstehen sollen.

Die Lebensführung der Pfarrer vor sich selbst und ihrem Hauswesen
Das 44. Kapitel

«Wer das Gebot tut und lehrt, der wird gross heissen im Himmelreich» [Mt 5,19]. Denn nicht Hörer, sondern Täter des Gesetzes werden für gerecht geachtet[293]. Bei den Pharisäern ist es umgekehrt: Die reden wohl recht von Mose und laden der Gemeinde grosse Bürden auf. Aber sie [selbst] rühren nicht den kleinsten Finger[294]. Das sei fern von uns Nachfolgern der Apostel! Vielmehr sollen wir als Prediger des Kreuzes Christi[295] in unserem sterblichen Leben den Tod Christi tragen[296] und durch ein himmlisches Leben die Auferstehung Christi mit Kraft beweisen. Deren Zeugen sollen wir sein[297], sind es aber nicht, wenn wir auf diese Welt bauen wie die anderen, die nur fleischlich gesinnt sind. Wir sollen unsere Wohnung im Himmel haben[298] als solche, die mit Christus auferstanden sind[299]. Dadurch veranlassen wir unsere Gemeinden, fleissig den Dingen nachzudenken, die «wahrhaftig, redlich, gerecht, keusch, lieblich und löblich» [Phil 4,8f] sind. Das sollen sie von uns lernen,

[291] Jak 5,14 | [292] 2Thess 2,16 | [291] Röm 2,13; Jak 1,22 | [294] Mt 23,2–4 |
[295] 1Kor 1,23 | [296] 2Kor 4,10 | [297] Apg 1,22; 2,32 | [298] 2Kor 5,1f |[299] Kol 3,1

empfangen, hören und an uns sehen. Dann werden wir mit Freuden vor den Richterstuhl[300] und Christus, unseren Herrn, treten und können an seinem Tag für unser Amt Ruhm ernten[301]. Das hatte der heilige Paulus wohlbedacht und [darum] seinem Jünger Timotheus vorgeschrieben, was für Leute er zu Bischöfen, das heisst zu Pfarrern, machen sollte [1Tim 3,2–5]:

«Es soll», sagt er, «ein Bischof unsträflich sein, Mann nur einer Frau, nüchtern, zuchtvoll, gesittet, gastfrei, zum Lehren geschickt, nicht trunksüchtig, ohne böse Zunge. Er soll nicht auf schändlichen Gewinn aus sein, sondern um geziemendes, sanftes Benehmen bemüht. Er sei nicht streitsüchtig, nicht geizig, soll seinem eigenen Haus recht vorstehen und gehorsame Kinder haben in aller Ehrbarkeit.» Einige dieser Worte wollen wir bedenken und erwägen, die übrigen einem jeden zur weiteren Betrachtung empfehlen.

«Unsträflich»: Unser Leben soll ehrbar sein in Gehen, Stehen, Tun und Lassen, in Worten und Werken – allem, was einen guten Eindruck umfasst. Deshalb will es uns richtig erscheinen, dass wir uns wohl nicht über die Gemeinde erheben, dennoch aber anständig gekleidet sind. Zwischen einem Metzgerknecht und einem Vorsteher des Wortes soll in der Kleidung ein Unterschied sein! Leichtfertigkeit in diesen Dingen nämlich zeigt ein überfachliches, leichtsinniges Gemüt an. Unsere Herren verbieten geschlitzte Kleider. Wenn aber die Pfarrer, die ein Beispiel sein sollen, die denkbar leichtfertigsten Kleider tragen, wie kann so etwas «unsträflich» sein? Wir sagen das nicht, weil uns etwa pharisäische Heuchelei gefällt, sondern weil der Mittelweg recht ist und getreulich zu befolgen.

«Mann einer Frau»: Paulus meint damit ein keusches und reines Herz, es sei in der Ehe oder nicht. Er hat nämlich den Brauch der Juden vor Augen, die seinerzeit mehr als eine Ehefrau hatten.

---

[300] 2Kor 5,10 | [301] 1Petr 5,4

Das brachte den Anschein eines unkeuschen Herzens mit sich und hatte sonst viel Mühe und Arbeit zur Folge. Denn die im Ehestand leben, haben viel Trübsal durch das Fleisch[302]. Doch eine Frau schlägt Paulus dem Bischof nicht ab. Das aber gehört zur Ehre des Hauses und trifft auf die weltliche Sorge, oder wie er der Frau gefalle[303], nicht zu, wenn er eine Schwester hat, die brennend auf das Kommen unseres Herrn Jesus Christus wartet. Er soll aber Mann nur einer Frau sein, damit er einen keuschen Lebenswandel führt. Nun wissen wir freilich voneinander, dass hinsichtlich des äusseren Tuns unter uns nichts fehlt. Wohl aber haben wir zu bedenken, wie hässlich und übel es uns ansteht, leichtfertige Scherze und schamlose Reden im Munde zu führen[304] oder auch nur dabei zu sein, wenn andere sich mit solchen Schandreden von Hurerei, Ehebruch oder Jungfrauen-Schänden begeilen. Denn das ist eine Zustimmung zum Bösen, die schwerer wiegt als die Tat selbst. Wie kann da des heiligen Wortes Ansehen gross sein, wenn wir zuweilen so leichtfertige, liederliche Reden führen oder mit lachendem Mund gern von anderen hören?

«Nüchtern» sollen wir sein. Denn was für ein Anblick wäre das, wenn wir mit liederlichem Volk zur Unzeit in den Wirtshäusern beim Weine sässen – als ob unser Amt nichts anderes wäre als Essen und Trinken[305]!

Doch haben wir nicht vor, weiter von diesen Dingen zu handeln. Wo Christi Kreuz in das Herz kommt, da wird in allem Übrigen bald Rat. Auf dieses müssen wir vor allem sehen und einstweilen von allen grossen Lastern entschieden Abstand nehmen, bis wir näher hinzu, zu den höheren, geistlichen Wirkungen kommen können, die alle Zucht und alle Tugenden mit sich bringen. Darauf ist dieser ganze Synodus ausgerichtet. Gott gebe Gnade, dass wir ihn befolgen mögen! Amen.

---

[302] 1Kor 7,28 | [303] 1Kor 7,33 | [304] Eph 5,4 | [305] Röm 14,17

Damit wir nun an dieser Einübung im Christentum festhalten mögen, soll alle Jahre auf den 1. Mai eine Synode aller Pfarrer von Stadt und Land abgehalten werden. An der soll man auch den Inhalt dieser Schrift auffrischen. Ausserdem wollen wir jährlich zwei Kapitelversammlungen abhalten, sofern dies unseren Gnädigen Herren gefällt. Da wollen wir ebenfalls das behandeln, was zu unserer und der Gemeinden Auferbauung dient. Wir werden uns dann mit unseren Gnädigen Herren weiter beraten und zu Entschlüssen kommen.

Zum Schluss aber bitten wir, der allmächtige Gott wolle uns behüten und mehren, was er uns in diesen sechs Tagen so gnädig mitgeteilt hat, damit der Rest unseres Lebens ganz auf seine Ehre und die Besserung der armen Gemeinden ausgerichtet wird.

Diese Synode hat am 9. Januar begonnen und endete am 14. Januar dieses Jahrs [15]32.

Gedruckt in der löblichen Stadt Basel.

Zur Edition

Die letzte integrale Edition der drei Dokumente der Berner Reformation stammt aus dem Jahr 1978, dem Gedenkjahr «450 Jahre Berner Reformation»; diese Ausgabe wurde 1994 ein zweites Mal aufgelegt. Für die Übersetzung in ein zeitgenössisches Deutsch zeichnete Markus Bieler, Pfarrer in Spiegel bei Bern, verantwortlich, beigegeben war eine historische Einleitung des Lausanner Kirchenhistorikers Henri Meylan, die dieser für die französischsprachige Synodus-Ausgabe anlässlich der 400-Jahr-Feier der Reformation in der Waadt 1936 verfasst hatte.

Ein editorischer Meilenstein war die 1984 vom Berner Forschungsseminar für Reformationstheologie unter Leitung von Gottfried W. Locher herausgegebene Neuübersetzung des Berner Synodus aus Anlass von dessen 450-Jahr-Jubiläum. Vier Jahre später legte die Forschungsgruppe einen zweiten Band «Studien und Abhandlungen» zum Synodus vor, der detailliert Auskunft gibt über den historischen Kontext, die Theologie und die Wirkungsgeschichte dieser herausragenden Schrift des reformierten Protestantismus.

Für die vorliegende Ausgabe konnten die Herausgeber auf die von Hans-Georg vom Berg besorgte Übersetzung von 1984 zurückgreifen, die nach wie vor den aktuellen Stand der Forschung repräsentiert. Eine neue Übersetzung war hingegen bei den Disputationsthesen und dem Reformationsmandat nötig, die von Ernst Saxer, Dübendorf, stammt.

Bibliografie

450 Jahre Berner Reformation. Beiträge zur Geschichte der Berner Reformation und zu Niklaus Manuel, Bern 1980/1981 (Archiv des Historischen Vereins des Kantons Bern, Bde. 64 u. 65)

Der Berner Synodus von 1532. Edition und Abhandlungen zum Jubiläumsjahr 1982, Bd. I: Edition, Bd. II: Studien und Abhandlungen, hg. v. Gottfried W. Locher, Neukirchen-Vluyn 1984/1988

Ökumenische Kirchengeschichte der Schweiz, hg. v. Lukas Vischer, Lukas Schenker u. Rudolf Dellsperger, Freiburg/Schweiz u. Basel 1994, 2., korr. Aufl. 1998

Bildersturm. Wahnsinn oder Gottes Wille? Katalog zur Ausstellung, hg. v. Cécile Dupeux, Peter Jezler u. Jean Wirth, Zürich 2000

Berner Zeiten: Berns mächtige Zeit. Das 16. und 17. Jahrhundert neu entdeckt, hg. v. André Holenstein, Bern 2006

Bildnachweise

Abb. 1: Niklaus Manuel (Deutsch) (1484–28.4.1530), Selbstbildnis, 1520; Mischtechnik auf Pergament auf Leinwand, 34.4 x 28.5 cm; Kunstmuseum Bern

Abb. 2: (und S. 38) Berchtold Haller (1490–1536), Vorderseite der Jakob Stapfer zugeschriebenen Bildnismedaille, 1535 (?). Münzkabinett der Stadt Winterthur, Villa Bühler, Lindstrasse 8, 8402 Winterthur

Abb. 3: (und S. 42) Die Berner Disputation in der Barfüsserkirche, Illustration aus Heinrich Bullingers Reformationsgeschichte, Abschrift von 1605/1606. Zentralbibliothek Zürich, Ms B 316, fol. 316r

Abb. 4: Handlung oder Acta gehaltner Disputation zu Bernn in uechtland, Zürich: Christoffel Froschouer, 23. März 1528. Universität Bern, Zentralbibliothek, Sign. ZB AD 124:2, Titelblatt

Abb. 5: (und S. 54) Berner Synodus. Ordnung wie sich pfarrer und prediger ... halten soellen ..., Basel: o. Dr., 1532. Universität Bern, Zentralbibliothek, Sign. ZB Laut Q 52:1, Titelblatt

Abb. 6: Pierre Aubry: Portrait de Wolfgang Fabricius Capito; Cabinet des Estampes et des Dessins de Strasbourg; © Photo Musées de Strasbourg, M. Bertola

Mitarbeiter

Hans-Georg vom Berg, Pfr. em., Jg. 1944, war Mitarbeiter am Forschungsseminar für Reformationstheologie unter Leitung von Gottfried W. Locher.

Martin Sallmann, Prof. Dr. theol., Jg. 1963, ist ausserordentlicher Professor für Neuere Kirchen- und Theologiegeschichte und Konfessionskunde an der Theologischen Fakultät Bern.

Ernst Saxer, Prof. Dr. theol. em., Jg. 1936, war Honorarprofessor für Dogmatik und Dogmengeschichte von der Reformation bis zur Gegenwart an der Theologischen Fakultät Bern.

Matthias Zeindler, Prof. Dr. theol., Jg. 1958, ist Titularprofessor für Systematische Theologie/Dogmatik an der Theologischen Fakultät Bern und Leiter Bereich Theologie der Reformierten Kirchen Bern-Jura-Solothurn.

Andreas Zeller, Pfr. Dr. theol., Jg. 1955, ist Synodalratspräsident der Reformierten Kirchen Bern-Jura-Solothurn.